Psychosozial-Verlag PV

Psychoanalyse im Widerspruch

Herausgeber: Institut für Psychoanalyse und Psychotherapie Heidelberg-Mannheim
Redaktion: Hans Becker, Helmut Däuker, Werner Knauss, Parfen Laszig, Helmut Lüdeke, Gerhard Schneider, Edeltraut Tilch-Bauschke, Rolf Vogt

Koordination: Parfen Laszig, *kontakt@parfen-laszig.de*
Redaktionsadresse: Institut für Psychoanalyse und Psychotherapie Heidelberg-Mannheim
Alte Bergheimerstraße 5
D-69115 Heidelberg
Telefon und Telefax: 062 21/18 43 45
Abonnentenbetreuung, Verlag:
Psychosozial-Verlag
Goethestraße 29 · 35390 Gießen
Tel.: 0641/9716903 · Fax: 0641/7 77 42
bestellung@psychosozial-verlag.de
Bezug: Für das Jahresabonnement EUR 24,90 (inkl. MwSt.) zuzüglich Versandkosten. Studentenabonnement 25% Rabatt (inkl. MwSt.) zuzüglich Versandkosten. Lieferungen ins Ausland zuzüglich Mehrporto. Das Abonnement verlängert sich jeweils um ein Jahr, sofern nicht eine Abbestellung bis zum 15. November erfolgt. Preis des Einzelheftes EUR 17,90.
Bestellungen von Abonnements bitte an den Verlag *bestellung@psychosozial-verlag.de*, Einzelbestellung beim Verlag oder über den Buchhandel.
Anzeigen: Anfragen bitte an Sabrina Schwarz, *sabrina.schwarz@psychosozial-verlag.de*
Erscheinungsweise: Zweimal im Jahr.

Manuskripte: Die Redaktion lädt zur Einsendung von Manuskripten ein. Mit der Annahme des Manuskriptes erwirbt der Verlag das ausschließliche Verlagsrecht auch für etwaige spätere Veröffentlichungen.
Satz: Hanspeter Ludwig, Gießen
ISSN 0941-5378

Inhalt

Editorial

Bei aller thematischen Unterschiedlichkeit bieten die jeweiligen Beiträge dieses Heftes einen Blick auf die Weite des Spektrums psychoanalytischer Perspektiven. Dies beginnt mit Helmut Däukers Beitrag zum Verhältnis von Psychoanalyse und Neurowissenschaften, der in einen skizzenhaften Aufriß mündet, wie sich die verschiedenen psychoanalytischen Sichtweisen bei Wahrung ihrer Eigenständigkeit aufeinander beziehen lassen. Es folgt eine Arbeit von Gerhard Schneider zum intersubjektiv aufzufassenden Konzept der Aporie, dessen Bedeutung bei Patienten bzw. Behandlungsverläufen expliziert wird, in denen das »Erkannt-werden« einem »Zerstört-werden« gleichkommt. Da Entwicklung ohne Erkennen (Verstehen) letztlich nicht möglich ist, bedeutet Aporie im Kern »das Unmögliche (als) ein Teil des Werdens« sehen und annehmen zu können.

Auch im Artikel von Peter Giesers und Werner Pohlmann geht es um die Unterschiedlichkeit psychoanalytischer Perspektiven am Beispiel von Libidotheorie, Ich-Psychologie, Objektbeziehungstheorie und Selbstpsychologie hinsichtlich der Bedeutung von Sexualität. Herausgestellt wird das Konzept des »wissenschaftlichen Gegenstandes« und abschließend für eine Sicht argumentiert, welches ein »spannungsreiches Ergänzungsverhältnis« der jeweiligen Perspektiven favorisiert. Sebastian Leikerts Arbeit plädiert für eine Erweiterung psychoanalytischer Begrifflichkeit, um der Phänomenalität und Bedeutung von Stimme und Musik gerecht zu werden. Erläutert wird dies mit Hilfe des Konzepts der »kinetischen Semantik«, worunter ein »Modus der Aufnahme, Speicherung und Verarbeitung von Erfahrung« verstanden wird, »der jenseits von Sprache und Vorstellung funktioniert«. Auch im Hinblick auf die klinische Situation wird der kinetischen Semantik eine zentrale Rolle eingeräumt.

Joachim F. Danckwardt fragt anschließend in einer detail- und informationsreichen Studie nach der Wirkung von »Dritte-Reich-Verfilmungen«. Wesentlich erscheint ihm u. a. die Zerstörung bzw. Korrektur von Legenden und die Bedeutung eines zentralen psychologischen Gesichtspunkts: der »Erhalt des Subjekts«. Abschließend setzt sich Ludwig Janus in einem ausführlichen Kommentar mit dem Buch »Frühes Trauma und Strukturdefizit – imaginativ orientierter Ansatz zur Bearbeitung früher und komplexer Traumatisierungen« von Renate Hochauf auseinander.

Die Reaktion

Helmut Däuker

Psychoanalyse und Neurowissenschaften

Beiträge zur aktuellen Situation[1]

Übersicht: (I) Mit dem Anspruch der Neurowissenschaften, »Geist« (Psyche, Mentales) mit einem objektivierend-naturwissenschaftlichen Ansatz erforschen zu können, hat eine neue Phase der Auseinandersetzung, punktuell auch der Kooperation zwischen Natur- und Geisteswissenschaftlern begonnen. Die Haltung der Psychoanalytiker angesichts dieser Situation wird als stark inhomogen beschrieben: Zwischen entschiedenen Gegnern und ebenso überzeugten Fürsprechern einer »Neuropsychoanalyse« läßt sich ein Spektrum unterschiedlicher Standorte ausmachen. (II) Der Autor schlägt vor, die Debatten weniger im Sinne eines Pro und Contra zu führen, sondern zu fragen: a) welche Probleme methodischer und theoretischer Art treten dabei auf und b) läßt sich eine Analyse dieser Probleme produktiv nutzen für die psychoanalyseinterne Diskussion um einen common ground? (III) Exemplarisch am Beispiel zweier Experimente dargestellt, werden zentrale Problemfelder erörtert wie Monismus versus Dualismus, Reduktionismus versus Nicht-Reduktionismus, Multiperspektivität (Erste-/Zweite-/Dritte-Person-Perspektive) und Methodenpluralismus versus Perspektiven- und Methodenprimate (IV) Im letzten Abschnitt werden die Probleme im Umgang mit unterschiedlichen Methoden und Perspektiven auf die Psychoanalyse übertragen: In einer Gesamtübersicht wird eine Skizze entworfen, wie die verschiedenen Ansätze innerhalb der Psychoanalyse in ihrer Unterschiedlichkeit aufeinander bezogen werden können.

Stichworte: Neurowissenschaften, Neuropsychoanalyse, Methodenpluralis-

1 Schriftliche, erweiterte Fassung eines am Institut für Psychoanalyse und Psychotherapie Heidelberg-Mannheim (IPP) am 13. Juli 2007 gehaltenen Vortrags.

mus, Multiperspektivität, common ground, »Psychoanalytische Komparatistik«.

I. Zweitausendsieben war das »Jahr der Geisteswissenschaften«. Es verstrich relativ geräuschlos, nicht vergleichbar jedenfalls mit der nicht übersehbaren medialen Präsenz dessen, was unter dem Titel »kognitive Neurowissenschaften« anhaltend große Aufmerksamkeit hervorruft. Das »Jahr der Geisteswissenschaften« ist inzwischen Geschichte, das »Jahrhundert des Gehirns« (Hagner 2006, S. 17) hat hingegen gerade erst begonnen, eingeleitet durch die »Dekade des Gehirns« in den zurückliegenden Neunzigern. Es wäre nun maßlos übertrieben, sähe man in der Relation Jahr – Jahrhundert eine adäquate Widerspiegelung des unterschiedlichen gesellschaftlichen und/oder wissenschaftlichen Stellenwertes von Geistes- und Naturwissenschaften. Doch hatte man nicht das leicht unangenehme Gefühl, ein extra anberaumtes »Jahr der Geisteswissenschaften« gliche einer jener Maßnahmen, die zum Schutze bedrohter Arten oder Biotope ins Leben gerufen werden – wie etwa »Jahr des Regenwaldes«? Die Bedrohung schien dabei von den Naturwissenschaften selbst auszugehen, die sich mit den kognitiven Neurowissenschaften einen forschungsstrategischen Brückenkopf auf ureigenstem geisteswissenschaftlichen Terrain geschaffen hatten: dem des Geistes selbst. Die militärischen Obertöne der Metapher mögen zu schrill klingen, aber schon die anhaltenden Debatten um die Frage der Willensfreiheit, bei denen man schon einmal dem Begriff »Kulturkampf« begegnen konnte, zeigen, daß nicht nur an den Universitäten um Einflußsphären gekämpft wird. Oder um ein neues Menschenbild – wie namhafte Neurowissenschaftler im sogenannten »Manifest« ankündigten (Gehirn & Geist 2004). Nicht zuletzt mit Hilfe bahnbrechender neuer Technologien wie den bildgebenden Verfahren in der Hirnforschung, Fortschritten in der Molekularbiologie und Gentechnologie setzt man auf den Erfolg eines wissenschaftlichen Jahrhundertprojekts namens »die neue Naturwissenschaft des Geistes« bzw. »die biologische Erklärung des menschlichen Geistes« (Kandel 2006, S. 11–15). Das mag übertrieben oder gar vermessen sein, aber vielleicht ist ja Freuds Prognose von der Biologie als dem »Reich der unbegrenzten Möglichkeiten« (Freud 1920, S. 65) doch noch für manche Überraschung gut.

Nun sind naturalistische, früher hätte man gesagt: »materialistische« Auffassungen des Geistigen/Mentalen keineswegs neu. Vor ca. 2500 Jahre schon vertrat etwa Alkmaion von Kroton die Theorie, daß das Gehirn der Sitz der Seele sei oder Thomas Hobbes im 17. Jahrhundert, Denken sei eine Bewegung von Atomen. Doch jetzt werden Geist (Psyche/Mentales) und Bewußtsein in einer ungleich konkreteren Weise als Leistungen eines komplexen, informationsverarbeitenden Systems aufgefaßt, das nach naturwissenschaftlichen Gesetzen funktioniert und mit naturwissenschaftlichen Methoden erforscht werden kann. Kurz gesagt, die Neurowissenschaften verfahren nach der Formel: Wer das System, seine Teile oder dessen funktionale Architektur erforscht, erforscht Geist. Damit sind die Geisteswissenschaften mit einem naturwissenschaftlichen Konkurrenten konfrontiert, der bisher die Erforschung von Geist als weitgehend unvereinbar mit Wissenschaftlichkeit in seinem Sinne betrachtete. Wie Michael Hagner, Wissenschaftshistoriker und Lehrstuhlinhaber für Wissenschaftsforschung feststellt, sei daraus seit Ende des 20. Jahrhunderts »ein Wettrennen mit offenem Ausgang geworden« (2006, S. 30). Damit prallen aber auch zwei unterschiedliche wissenschaftstheoretische Welten aufeinander, wobei auf Seiten der Naturwissenschaften Begriffe wie Kausalität, Determiniertheit, »Raum der Ursachen«, experimentalwissenschaftliche Fundierung (Labor), Erklärung auf der einen, »Raum der Gründe«, hermeneutischer Ansatz (Sinn, Bedeutung), Intentionalität, Verstehen auf der geisteswissenschaftlichen die jeweiligen Positionen holzschnittartig abstecken mögen.

Neu ist zudem, daß die Neuro- im Verein mit den Kognitionswissenschaften nicht nur unterschiedliche Zustände des jeweiligen (Aktual-) Bewußtseins, sondern subjektive Erfahrungen jeglicher Art inklusive Emotionen, Soziales, Selbstbewußtsein, Intersubjektivität und Normatives durchaus im Bereich ihres Erklärungshorizontes sehen (Kurthen 2007, S. 720).

Für die Psychoanalyse ist dies alles in mindestens zweifacher Hinsicht interessant. Einmal steht sie selbst für eine Theorie des Mentalen und befindet sich so – wie etwa die akademische Psychologie oder die Philosophie – in offener Konkurrenz mit den »Biologen des Geistes«. Zum anderen kann sie natürlich aus einer Metaperspektive eben das Projekt einer Biologie des Geistes kritisch beobachten und beispielsweise untersuchen, ob die Neurowissenschaften an einem »Neuroprothesengott«‹ basteln, gleichsam einer Überbietung des von Freud genial als »Prothesengott« metaphorisierten modernen Menschen. Schließlich wird auch andernorts engagiert im Grundsätzlichen sowie im Detail über die unterschiedlichen Zugangsweisen zu einer Theorie des Geistes debattiert (Krüger 2007), stellvertretend seien noch einmal die Kontroversen um das Problem der Willensfreiheit genannt (Geyer 2004). Eine einheitliche psychoanalytische Position würde man dabei vergebens suchen. Viele Stimmen bilden das Lager derjenigen, die sich an der Seite der sozial- und kulturwissenschaftlich orientierten Humanwissenschaften gegen (nicht selten) als hegemonial empfundene neurowissenschaftliche Erklärungsansprüche stellen, während andere im interdisziplinären Austausch mit den Neurowissenschaften eine große Chance sehen, der ja selbst um ihren »common ground« ringenden Psychoanalyse größere theoretische (interne sowie externe) Kohärenz zu ermöglichen. Der Versuch, dieser Heterogenität eine grobe Einteilung abzugewinnen könnte folgendermaßen aussehen: 1.) Die Gruppe der primär klinisch orientierten Hermeneutiker, die den Neurowissenschaften skeptisch bis ablehnend gegenüberstehen und nicht selten vor einem ausufernden »Neobiologismus« warnen. Essentiell für die Psychoanalyse sind dieser Position zufolge die Dimensionen Sinn, Bedeutung, Geschichte, deren Latenz interpretierend-verstehend im Rahmen des Übertragungs-Gegenübertragungs-Paradigmas erschlossen werden müsse. Der neurowissenschaftliche Ansatz sei nicht in der Lage, die Tiefendimensionen des Psychischen zu erfassen bzw. könne allenfalls *indirekt* das »Wo«, »Wann« oder »Wie«, nicht aber das »Was« (die Bedeutung, den Gehalt) eines psychischen Vorgangs erklären. Zu dieser Gruppe kann man auch die intersubjektiv/relational ausgerichteten Psychoanalytiker zählen, die die Psychoanalyse zwar mit Methoden der empirischen Sozialforschung zusammenbringen – etwa Video- oder Tonbandaufzeichnungen – grundsätzlich jedoch daran festhalten, daß »Geist« intersubjektiv verfaßt sei und mit objektiv-naturwissenschaftlichem Zugriff nicht erreicht werden könne (in Deutschland z.B. Altmeyer/Thomä 2006). 2.) Die Befürworter einer Zusammenführung von Psychoanalyse und Neurowissenschaften in einer »Neuropsychoanalyse«. Sie versprechen sich einen erheblichen theoretischen (metapsychologischen), damit auch praktischen, im klinischen Sinne relevanten Gewinn aus einer Integration beider Forschungsansätze. Die durch Schulenbildungen festgefahrenen Kontroversen könnten, so die Aussicht, auf diesem Wege leichter einer Klärung zugeführt werden. Zum Teil schwingt auch die Überlegung mit, der Psychoanalyse so zu einer größeren wissenschaftlichen Legitimation und Anerkennung zu verhelfen. (Kaplan-Solms/Solms 2000, Schore 2005, im deutschen Sprachraum: Leuzinger-Bohleber 2002). 3.) Eine dritte Gruppe betont die prinzipielle Eigenständigkeit (und Einmaligkeit) der Psychoanalyse, die zu anderen Wissenschaften »quer« stehe, sich auch nicht als Wissenschaft, sondern als »Disziplin« versehen solle und im Begriffsdualismus Naturwissenschaft – Hermeneutik nicht einzuordnen sei. Zuviel Integration bzw. Interdisziplinarität und methodologische Anleihen gefährdeten das genuin Psychoanalytische (André Green wäre als typischer Vertreter dieser Richtung zu nennen). 4.) Schließlich eine anwachsende Zahl von Psychoanalytikern, welche mit ihren Forschungsansätzen über die klinische Situation als empirische Basis der Psychoanalyse hinausgehen und im Rahmen von

Konzept-, Bindungs-, Säuglings- oder Mentalisierungsforschung (»Theorie of mind« bzw. TOM) die psychoanalytische Theorie und Praxis ausbauen möchten (z.B. Fonagy 2001 oder Stern 2004). Dabei könne auch der Beitrag der Neurowissenschaften bereichernd und hilfreich sein.

II. Angesichts der Vielfalt der Positionen und divergierenden Einschätzungen der neurowissenschaftlichen »Herausforderung«‹ gegenüber scheint es mir zunächst sinnvoll, ein schnelles Pro oder Contra zu vermeiden und zunächst diejenigen Problemfelder in den Blick zu nehmen, die sich beim Aufeinandertreffen von Psychoanalyse und Neurowissenschaften auftun. Es könnte dabei von Gewinn sein, zu fragen: Welche Möglichkeiten bieten sich der Psychoanalyse in Dialog/Auseinandersetzung/Konfrontation mit den Neurowissenschaften, sich über ihr theoretisches Selbstverständnis bzw. ihren Status als »Wissenschaft des Unbewußten« (Freud 1934, S. 301) Klarheit zu verschaffen? Das klingt vielleicht reichlich akademisch, aber es dürfte genügen, an die sog. common-ground Diskussion zu erinnern (Wallerstein 2006) – bei der es kurz gesagt um die Frage geht, ob die Psychoanalyse (noch) über eine gemeinsame theoretische Basis verfügt und welche das sein könnte – und die mit der Offenheit dieser Frage zusammenhängenden Kontroversen um »psychoanalytische Identität«.

Das was in diesem Zusammenhang intern als »Theoriekrise« der Psychoanalyse diagnostiziert wird, zeigt sich natürlich auch im kritischen »Blick von außen«, dem sich die Psychoanalyse auffallend widersprüchlich und doppelgesichtig darbietet: Die eine Variante der Standartkritik lautet, die Psychoanalyse sei immer noch *zu sehr naturwissenschaftlich* orientiert, habe sich vom Freudschen Biologismus, Physiologismus oder Szientismus nicht genügend emanzipiert und weise in zentralen Theoriebereichen (etwa in der Triebtheorie oder beim »psychischen Apparat«) mechanistische Konzeptualisierungen auf. Die zweite Variante sieht gerade da ein Defizit, wo die erste kritisch ansetzte: Die Psychoanalyse sei *zu wenig naturwissenschaftlich* ausgerichtet. Sie biete kaum mehr als metaphorisch-hermeneutische Beschreibungen und in ihrem literarischen Wert (Freud) durchaus respektable Interpretationen psychischer Vorgänge, Mechanismen, kultureller Phänomene sowie menschlichen Leidens. Es ist offensichtlich, daß beide Kritiken zugleich nicht zutreffen können. Man könnte dies zunächst als ein Indiz dafür ansehen, daß die Psychoanalyse in die duale Opposition Geistes- oder Naturwissenschaft nicht zu passen scheint, ›quer‹ dazu steht oder dieses Schema selbst gar unterminiert. Aus psychoanalyseinterner Perspektive könnte man außerdem hervorheben, daß diese die Psychoanalyse von Beginn an begleitende »Dauerfrage« (in der Terminologie Ricoeurs etwa: »Energetik« versus »Hermeneutik«; Ricoeur

1984) doch längst im Sinne eines Primats hermeneutischer Ausrichtungen entschieden sei. Stellvertretend für diese Position zwei Stellungsnahmen: »Durch die neueren Entwicklungen in den Neurowissenschaften und den ›cognitive sciences‹ finden viele hermeneutisch fundierte Thesen aus dem Erbe Freuds derzeit auch objektivistische Belege. So kommt es zu einem überraschenden, allerdings von Freud als Vision erahnten Interesse der Naturwissenschaftler an der Psychoanalyse (...) Der Psychoanalyse und den Psychoanalytikern mag die neue Aufmerksamkeit früherer Gegner recht sein. Sie entbindet sie allerdings nicht von der Aufgabe, das geistige Erbe Freuds als *psychologisch-hermeneutisches* System zu pflegen und weiterzuentwickeln« (Ermann 2006, S. 116). Oder: »Die vorherrschende Lesart der Psychoanalyse war und ist – zu Recht! – hermeneutisch« (Lütkehaus 2007, S. 626). Nimmt man diese klaren Positionierungen als zutreffende Widergabe einer Mehrheitsmeinung, so wird das Unbehagen verständlicher, das viele Psychoanalytiker angesichts der Tatsache empfinden, daß ausgerechnet die Neurowissenschaften erheblich dazu beigetragen haben, den Ruf der Psychoanalyse wieder in besserem Licht erscheinen zu lassen – wissenschaftlich sowie öffentlich. Diesen muß das dann als Beifall von der falschen Seite erscheinen. Gibt es nicht in der Tat eine Reihe berechtigter kritischer Einwände den Neurowissenschaften gegenüber? Einige seien genannt:
Die Neurowissenschaften

- führten zum massiven Ausbau biologistischer Positionen (biologische Psychiatrie, Psychopharmakologie) mit der Folge eines Zurückdrängens psychotherapeutischer Ansätze. Dazu komme ein imperialer Gestus in der Frage der Erforschung von ›Geist‹ den Kultur- und Geisteswissenschaften gegenüber. So spricht Buchholz vom »imperiale(n) Anspruch der Neurowissenschaften« (Buchholz 2007, S. 202).
- verfahren reduktionistisch: Psychisches droht zum Epiphänomen zu werden; Psyche wird auf Aktualzustände des Bewußtseins reduziert; ein naturwissenschaftlicher Objektivismus/Naturalismus/Positivismus verfehle zentrale Dimensionen des Geistigen. Schon der Begriff »Geist« werde reduktionistisch verkürzt, wenn die Dimension des Kulturellen, Sozialen und Intersubjektiven fehle.
- erfaßten die Ebene der Personalität (das sich wechselseitige aufeinander Beziehen verschiedener Selbstbewußtseine) nur unzulänglich oder gar nicht, sondern diese verschwinde regelrecht.
- verfehlten, wie eingangs schon benannt, als naturwissenschaftlich-objektivierend ausgerichtete Forschungspraxis die Dimensionen Sinn/Bedeutung/Geschichte.

- neigten zu Fehlbeschreibungen und Kategorienfehlern: So nehme im Sinne des sog. mereologischen Fehlschlusses bei den Hirnforschern ein Teil (das Gehirn) die Rolle des Ganzen (Subjekt/Person) ein.
- betrieben »Neuromythologie«: Die suggestive Kraft des über bildgebende Verfahren angeblich möglichen Blicks auf »Geist bei der Arbeit« verschleiere, daß die etwa über PET (Positronen-Emissions-Tomographie), fMRT (funktionelle Magnet-Resonanz-Tomographie) oder SPECT (Single-Photonen-Emissions-Tomographie) gewonnenen Daten in unzulässigem Maße überinterpretiert werden. Wie der Ausdruck »bild-gebend« deutlich mache, wird nicht etwas abgebildet, sondern biophysikalischen Phänomenen werden Bilder »gegeben«. Die *Darstellung* gerate zur *Herstellung* »epistemisch relevante(r) Objekte« (Hagner 2006, S. 168).
- kümmerten sich zu wenig um ungelöste ethische Probleme (ähnlich wie in der Gen- oder Stammzellenforschung) im Zusammenhang mit neuen Technologien: sog. Brain-Computer-Interfaces (BCI); Cognitive Enhancers (Medikamente zur Beeinflussung/Steigerung kognitiver Funktionen, sog. »Mind-Doping«); Neuroimplantate; »Tiefenhirnstimulation«. Propagiert werde die Möglichkeit, bisher unheilbare Krankheiten behandeln zu können, verharmlost werde die Möglichkeit mißbräuchlicher Anwendung und/oder unkontrollierbarer Manipulation.

Dieser Kritik wird von Seiten namhafter Neurowissenschaftler widersprochen und auch hier seien zentrale Argumentationslinien stichwortartig wiedergegeben:

- Das Gehirn wird als »soziales Organ« gesehen. Computeranalogien werden dezidiert als verfehlt betrachtet. Der soziale Kontext spiele bei der Art des Aufbaus neuronaler Strukturen eine entscheidende Rolle. Basis dafür sei das Konzept der
- Neuronalen Plastizität: Das was ein Mensch fühlt, erlebt, denkt usw. verändere das Gehirn: »alle sozialen Erfahrungen und sonstigen Umwelteinflüsse (führen) zu physiologischen und strukturellen Veränderungen im jeweiligen Gehirn« (Roth 2007, S. 176).
- Besonders die kortikale Aktivität zeichne sich durch komplexe Abbildungsniveaus in Gestalt von »Metarepräsentationen« aus (Singer 2007). Deshalb müsse das Gehirn nicht nur als komplexes selbstorganisatorisches, sondern als *selbstreferentielles* System angesehen werden. Selbstreferentialität sei folglich kein auf das Geistige/Mentale reduzierbares bzw. erst auf dieser Ebene auftretendes Phänomen.
- Der Kritik, die Hirnforschung könne die Ebenen von Bedeutung und

Intentionalität nicht erreichen wird entgegengehalten: »Das menschliche Gehirn ist ein intentionales, bedeutungsverarbeitendes System, wobei es sich oft um gesellschaftlich vermittelte Bedeutungen handelt« (Roth 2007, S. 178).

- Vertreten wird ausdrücklich ein nicht-reduktionistischer Naturalismus (etwa von G. Roth); diesem zufolge könne und wolle man die Beschreibung des Geistigen/Mentalen nicht auf eine neurobiologische Beschreibung reduzieren (Krüger 2007).

Auch die psychoanalyseinterne Debatte »Naturwissenschaft-und/oder-Hermeneutik«, so wäre zu ergänzen, ist nur scheinbar zugunsten der »Hermeneutiker« entschieden. Folgende Zitate mögen die Gegenpositionen zu einem Primat des Hermeneutischen veranschaulichen. An erster Stelle sei hier Freud selbst zitiert: »Nur die therapeutische Technik ist rein psychologisch; die Theorie versäumt es keineswegs, auf die organische Grundlage der Neurose hinzuweisen, wenngleich sie dieselbe nicht in einer pathologisch-anatomischen Veränderung sucht und die zu erwartende chemische Veränderung als derzeit noch unfaßbar durch die Vorläufigkeit der organischen Funktion ersetzt« (Freud 1905, S. 276). »Drittens muß man sich daran erinnern, daß all unsere psychologischen Vorläufigkeiten einmal auf den Boden organischer Träger gestellt werden sollen« (Freud 1914, S. 143f.). Oder bei André Green: »So wie Freud eine Metapsychologie entwickelt hat, d.h. eine Psychologie jenseits des Bewussten, erfordert seine Theorie auch eine Metabiologie (...) Und ganz ohne Berücksichtigung ihrer biologischen Grundlagen lassen sich die Probleme, die bei der Erforschung der Psyche auftauchen, nicht zufriedenstellend lösen, ebenso wenig wie sie ausschließlich durch das gesammelte biologische Wissen gelöst werden können. Eine *Metabiologie* berücksichtigt dieses Wissen (...) Wir müssen zugeben, dass wir aus einer Reihe von logisch zwingenden Gründen eine Metabiologie brauchen, z.B. um mit ihrer Hilfe die Beziehung zwischen Psyche und Soma aufzuklären« (Green 2006, S. 251). Ist es nicht auffallend, wie sehr die durch die Erfolge der Neurowissenschaften wiederbelebten Debatten um ein adäquates Verständnis des Psychischen zwischen Vertretern naturwissenschaftlich-naturalistischer Positionen (in Deutschland an vorderster Stelle durch G. Roth und W. Singer vertreten) und sozial-kulturwissenschaftlich ausgerichteten Autoren (z.B. J. Habermas) an psychoanalyseinterne Auseinandersetzungen erinnern – und ebenso umgekehrt? Obwohl es sich inzwischen um einen Gemeinplatz handelt, daß eine Wissenschaft vom Menschen bio-psycho-sozial konzipiert sein muß um nicht in die Falle entsprechender Reduktionismen (Biologismus, Psychologismus,

Soziologismus) zu geraten, ist es sowohl theoretisch als auch praktisch ungemein schwer, das eine zu erforschen ohne das andere zu verfehlen. Das Licht des Erkennens muß fokussiert oder zentriert werden, um erkennen zu können und wirft doch gerade dadurch jenen Schatten, der den Erkenntnisprozeß zugleich verdunkelt. Im folgenden wird zunächst versucht, einige derjenigen Problemfelder zu skizzieren, die in den Kontroversen zwischen naturalistischen (neurowissenschaftlichen) und sozial-kulturwissenschaftlichen (geisteswissenschaftlichen) Ansätzen zur Erforschung von Psyche/Geist/Mentalem diskutiert werden. Es wird dabei im Wesentlichen um die Begriffe Monismus und Dualismus, Reduktionismus und Perspektivität (Erste-, Zweite- und Dritte-Person-Perspektive) gehen. Im folgenden Abschnitt werden Vorschläge gemacht, welche die psychoanalyseinterne Diskussion um eine gemeinsame Grundlage (›common-ground‹) im Hinblick auf Fragen des theoretischen und methodischen Selbstverständnisses betreffen. Als Einstieg wähle ich zwei Experimente aus der neurowissenschaftlichen Forschungspraxis, die exemplarisch einen Blick auf jene Problembereiche zu werfen gestatten, die auftreten, wenn eine Wissenschaft oder Theorie des Psychischen/Mentalen auf der Basis von Hirnforschung und Molekularbiologie versucht wird.

III. Gewohnt daran, daß Forschungsergebnisse aus dem Bereich der Hirnforschung inzwischen auch ins Feuilleton Eingang gefunden haben, war man nicht überrascht, unter der Überschrift »Unbewußt« über folgendes Experiment informiert zu werden, das ursprünglich in den »Proceedings« der amerikanischen nationalen Akademie der Wissenschaften publiziert worden war (FAZ vom 8.11.06). Einer Reihe weiblicher und männlicher Probanden wurden subliminal, d.h. bewußt nicht registrierbar auf einem Monitor Bilder von nackten Frauen und Männern gezeigt. Regelmäßig konnte festgestellt werden, daß die Blicke der Probanden nicht nur zielsicher auf diejenigen Stellen gerichtet waren, wo Millisekunden vorher die nackten Körper aufgetaucht waren, sondern es zeigten sich auch auffallende Präferenzen: Männer schauten sich die nackten Frauen an, Frauen die männlichen Körper und Homosexuelle eben die gleichgeschlechtlichen. Kommentar: »Unser Unterbewußtsein denkt mit.« Als Psychoanalytiker hat man zunächst nichts dagegen, daß auch auf diesem Wege gleichsam Werbung für das Unbewußte gemacht wird, auch wenn es hier unter dem von Freud abgelehnten Begriff »Unterbewußtsein« auftritt. Gleichzeitig drängt sich eine Querverbindung zur Willensfreiheitdebatte auf: Wer oder was hat hier entschieden? Der Neurowissenschaftler würde sagen: das Gehirn. Der Psychoanalytiker: das Unbewußte. Außerdem ist man geneigt zu fragen: Ist das nicht eines jener neurowissenschaftlichen Experimente, in denen es vorgeblich um die Erforschung mentaler Phänomene geht, letztlich aber lediglich Verhalten gemessen wird, in diesem Fall die Blickpräferenzen? Betrachten wir deshalb ein zweites Experiment, das mehr Aufschluß über das Zusammenspiel neuronaler und mentaler Ebenen zu geben verspricht: Mit Hilfe von Kernspintomographen läst sich feststellen, daß bei Schmerzreizen bestimmte Areale eindeutig erhöhte Aktivitätsmuster aufweisen (sensorischer, insulärer und zingulärer Kortex; Roth 2006). Aus der Gleichzeitigkeit dessen, was Versuchspersonen berichten (»jetzt tut es weh«) und dem registrierten Aktivitätsmuster wird geschlossen, daß bei Vorliegen des gleichen neuronalen Musters auch das entsprechende subjektive Erleben gegeben ist. Dieser Schluß wird dadurch erhärtet, daß Personen mit einer Schmerzasymbolie den Reiz zwar als sensorisches Ereignis registrieren, aber ohne von einer Schmerzempfindung zu berichten und dabei weder im insulären noch im zingulären Kortex eine erhöhte Aktivität aufweisen (ebd., S. 20). Spannend wird es dann bei folgender experimentellen Variante: Probanden im Kernspintomographen wird gesagt, daß sich vor ihnen ein rotes und grünes Lämpchen befindet. Leuchtet das grüne, passiere nichts, beim roten wäre kurze Zeit später ein unangenehmer Schmerzreiz zu erwarten. Das Ergebnis: Beim Aufleuchten des grünen Lichts tat sich in den für Schmerzerleben »zuständigen« Arealen nichts, bei rot dagegen waren insuläre und zinguläre Areale höchst aktiv – obgleich der angekündigte Schmerzreiz nicht folgte. In diesem Falle war es demnach ein rein psychologisches Ereignis – die *Erwartung* eines Schmerzreizes, also eine reine *Vorstellung* – welche die neuronale Aktivität auslöste. Interessanterweise sind die gleichen Bereiche – insulärer und zingulärer Kortex – auch bei Trennungs- und Verlustschmerz aktiv, was ja interessante Implikationen für eine Theorie psychosomatischer Störungen aufwirft: mentale Ereignisse wie Vorstellungen, Befürchtungen, Antizipationen usw. und erst recht Gefühlszustände bewirken (oder gehen immer einher mit) Veränderungen im Gehirn – wenn auch noch nicht klar ist, wie das Problem der sog. »mentalen Verursachung« konzipiert werden kann (Detel 2007, S. 139f.). Und müßte man nicht gerade als Psychoanalytiker fragen, was die Frage der »mentalen Verursachung« für die Theorie des Unbewussten bedeutet?

Experimente dieser Art, so das Argument von Neurowissenschaftlern, seien durchaus geeignet, auch komplexe psychologische Phänomene zu erfassen und in einem Abgleich beider »Datenformate« – die via Bildgebung (oder EEG usw.) gemessenen ebenso wie die via »Bericht« der Versuchsperson über ihre subjektive Befindlichkeit erhaltenen – substantielle Erkenntnisse über eine »Biologie des Geistes« zu gewinnen. Das heißt, anders als im ersten Experiment wird hier erkennbar die psychologische Dimension miteinbezogen.

Nur auf dieser Ebene lassen sich ja korrelative Aussagen über neuronale Entsprechungen und/oder Realisierungen mentaler Ereignisse treffen. Es handelt sich folglich um neurowissenschaftliche Forschung in einem erweiterten Sinne – im Sinne von: über anatomische, physiologische, biochemische Untersuchungen an Neuronen, Synapsen, Transmittern, neuronalen Subsystemen usw. hinausgehend. Roth macht in diesem Zusammenhang deutlich darauf aufmerksam, daß die Kritik, neurobiologische Untersuchungen könnten nichts anderes als korrelative Zusammenhänge feststellen, verfehlt sei: so sei man inzwischen u.a. in der Lage »zu erklären, was passieren muss, *bevor* eine bestimmte Verhaltensweise oder ein bestimmter bewusster Erlebniszustand auftreten« (Roth 2007, S. 176). Die Behauptung, einen mentalen Zustand an Hand eines neuronalen Erregungsmusters *voraussagen* zu können, ginge in der Tat über Korrelationen hinaus und ist wohl Teil des Unbehagens, das neurobiologische Forschung auslöst. So kann beispielsweise gezeigt werden, daß »allein durch fMRT-Signale die bewußte Wahrnehmung verschiedener Farben zu erkennen« ist und man auf diesem Wege »die Wahrnehmung der jeweiligen Farbe im binokularen Wettstreit voraussagen kann« (Hagner 2006, S. 243f.).

Doch es bleibt dabei, daß eine Untersuchung neuronaler Vorgänge, wie auch immer diese konzipiert sein mag, absolut keinen Einblick in das mentale Phänomen selbst gestattet. Daraus folgt, daß eine – in einem interessanten Sinne – neurobiologische Untersuchung mentaler Phänomene auf »Berichte« seitens der Versuchspersonen angewiesen ist, worauf Roth ebenfalls ausdrücklich hinweist (Roth 2007, S. 34). Es ist und bleibt das Privileg des individuellen Hirnbesitzers, einen *direkten* Zugang zu seinen mentalen Gehalten (so weit diese bewußt sind) zu haben, während alles subjektiv Mentale »von außen« nur *indirekt* erschlossen werden kann. Umgekehrt gilt natürlich ebenfalls, daß wir beim Gewahrwerden oder Erleben mentaler Zustände »von innen« keinen Zugriff auf irgend etwas Neuronales haben können – es sei denn, wir würden uns in einem heroischen Selbstexperiment über eine entsprechende Apparatur »indirekt« beim Erleben/Fühlen/Denken usw. gleichzeitig »beobachten«. Dann würde es allerdings recht kompliziert: Man müßte nämlich in Rechnung stellen, daß das sich selbst Beobachten den neuronalen Zustand selbst verändert, was wiederum Rückwirkungen zweiter Art hätte usw. Das Problem um das es geht ist folgendes: Der Neurowissenschaftler hat es mit zwei Ereignis- bzw. Phänomenreihen zu tun – neuronalen und mentalen, wobei angenommen wird, daß letztere nicht unabhängig von ersteren existieren, aber gleichwohl nicht identisch mit diesen sind. Das heißt, er arbeitet nicht unabhängig von psychologischer Terminologie und Begrifflichkeit, sonst wüßte er gar nicht worüber er forscht, wenn er etwa Schmerzen, Aufmerksamkeit, Angst, oder akustische Wahrnehmung untersucht. Er setzt psychologisches (oder: geisteswissenschaftliches) Wissen immer schon voraus. Das tut seiner Forschung natürlich keinen Abbruch, konfrontiert ihn jedoch mit dem Sachverhalt, daß er sich zwangsläufig in einem interdisziplinären Kontext bewegt (gemeint ist neurowissenschaftliche Forschung in dem oben genannten »erweiterten« Sinn). Es liegt also das methodologisch und epistemologisch nicht leicht zu lösende Problem der Vermittlung/Kompatibilität/Relationierbarkeit der beiden Daten- und Phänomenreihen und damit unterschiedlicher terminologischer »Sprachen« vor. (Roth spricht deshalb auch nicht von ungefähr von einem notwendigen »Kategorienwechsel« (2007, S. 174).) Anders formuliert, die Differenz neuronal – mental (N-M) konfrontiert mit einer uralten Frage: dem Leib-Seele-Problem oder dem Gehirn-Geist-Problem, wie es heute heißt. Nun ist hier insoweit ein Fortschritt zu verzeichnen, als nahezu alle an der Diskussion Beteiligten sich auf einen – wenn auch sog. »schwachen« – Monismus einigen können. Monismus wäre die Auffassung, derzufolge es sich bei Gehirn und Geist, Neuronalem und Mentalem nicht um zwei im substantiell-ontologischen Sinne getrennte Entitäten handelt. In Bezug auf die aktuellen Debatten um Gehirn/Geist (N-M) beinhaltet dies, daß die Vorstellung zurückgewiesen wird, es gäbe geistige/psychische/mentale Zustände oder Ereignisse, die nicht zugleich neuronale Ereignisse/Zustände sind. Die Art des Zusammenhangs bleibt dabei offen. Letztlich läuft eine monistische Position darauf hinaus, das Mentale als etwas im weitesten Sinne Physikalisches aufzufassen. Von sozial-/kulturwissenschaftlicher Seite würde allerdings darauf bestanden, daß »objektiver Geist« als ein in Zeichensystemen, sozio-kulturellen Praktiken (»Lebenswelt«) oder in Artefakten materialisierter Geist nur intersubjektiv erfaßbar ist und nicht auf Bewußtsein oder neuronale Realisierungen reduzierbar ist. Auch Habermas erkennt jedoch an: »Eine dualistische Aufspaltung der Welt in Natur und Geist ist unplausibel« (Habermas 2007, S. 264).

Kleiner Einschub: Zumindest im Freudschen Verständnis ist die Psychoanalyse eine eindeutig monistische Theorie hinsichtlich des Leib-Seele-Problems, man darf sich da durch die bekannten Dualismen wie Primärvorgang/Sekundärvorgang, Lustprinzip/Realitätsprinzip, Eros/Todestrieb usw. nicht davon ablenken lassen, daß Freud in der Grundfrage Naturalist (Materialist) und Monist ist. Zwei entscheidende Textstellen dazu: »Die Kette der physiologischen Vorgänge im Nervensystem steht ja wahrscheinlich nicht im Verhältnis der Kausalität zu den psychischen Vorgängen. Die physiologischen Vorgänge hören nicht auf, sobald die psychischen begonnen haben, vielmehr geht die physiologische Kette weiter, nur daß jedem Glied derselben (oder einzelnen Gliedern) von einem gewissen Moment an ein psychisches Phänomen entspricht. Das Psychische ist somit ein Parallelvorgang des Physiologischen (›a dependant concomitant‹)« (Freud 1891, S. 98). Auch einer der letzten, merkwürdig selten zitierten Gedanken, die Freud schriftlich hinterlassen hat, gilt dieser Frage: »Psyche ist ausgedehnt – weiss nichts davon« (Freud 1939, S. 152).

Auch hier, beim Monismus-Dualismus-Problem könnte man meinen, es handele sich um eine abstrakt-akademische Frage. Aber man sollte sich vergegenwärtigen, daß von Seiten biologischer Positionen psychische Störungen nicht selten reduktionistisch mit Hirnfunktionsstörungen gleichgesetzt werden und daraus geschlossen wird, es gäbe gar keine ›psychischen‹ Störungen (vgl. Schramme 2005, S. 388). Das Gegenargument auf diese, das Mentale als kausal wirkungsloses Epiphänomen betrachtende Sicht ist, daß *gerade aus einer monistischen Perspektive* ja gilt, daß alle mentalen Vorgänge prinzipiell gleichzeitig neuronale Vorgänge sind – ohne genau angeben zu können, wie es um diese Zusammenhänge bestellt ist – und insofern gar nicht wirkungsfrei sein können.

Der Konsens in Sachen Monismus läßt allerdings einige entscheidende Probleme offen: Neurowissenschaftler, die sich als nicht-reduktionistisch verstehen, erkennen durchaus die Differenz zwischen Neuronalem und Mentalem an. Eine Minderheit tut dies nicht und vertritt eliminative Formen des Naturalismus (einen Überblick bieten Pauen/Roth 2001). Interessant für die Diskussion zwischen »Biologen des Geistes« und Geisteswissenschaftlern ist natürlich, wie »Nichtreduktionisten« die Differenz neuronal-mental konzipieren – auf monistischer Basis. Verschiedene Varianten werden hier vor allem von philosophisch-sozialwissenschaftlicher Seite ins Spiel gebracht: Eigenschaftsdualismus, Methodendualismus, epistemischer Dualismus, Perspektivendualismus. Die Begriffe überschneiden sich teilweise inhaltlich, eine wesentliche Rolle in der Diskussion spielt jedoch eine Mischung aus methodischem und perspektivischem Dualismus, was in den unterschiedlichen Zugangsweisen der Ersten-Person-Perspektive und der Dritten-Person-Perspektive auf den Begriff gebracht wird. Habermas und andere bringen hier (u.a. in der Tradition von G.H. Mead) außerdem die Bedeutung der Zweiten-Person-Perspektive in die Diskussion, die deshalb unverzichtbar sei, weil »Geist« etwas sich in intersubjektiven Kontexten (»Lebenswelten«) Konstituierendes aufgefasst wird. Aus diesem Grunde beziehen sich relational/intersubjektiv orientierte Psychoanalytiker auch verstärkt auf Habermas und die Zweite-Person-Perspektive (Altmeyer/Thomä 2006). Ich versuche skizzenartig zu beschreiben, wodurch die unterschiedlichen Perspektiven sich auszeichnen:

- Erste-Person-Perspektive (1.P.P.; »*subjektiv*«) steht für: subjektives *Erleben, Teilnehmen, Verstehen* im Sinne von etwas zum Objekt (Inhalt) meiner mentalen Aktivität haben und/oder sich selbst reflexiv erfassen. Mentales/Psychisches ist d*irekt* nur aus der 1.P.P., also dem individuellen ›Hirnbesitzer‹ selbst zugänglich. Maßgeblich ist der »Raum der Gründe«.
- Dritte-Person-Perspektive (3.P.P.; »*objektiv*«): Erfahrungswissenschaftliche Beobachterperspektive. *Beobachten und Erklären* eines Sachverhaltes; gängige naturwissenschaftliche Praxis. Unproblematisch bei ›unbelebter‹ Natur, reduktionistisch, wenn das Forschungsobjekt ein Lebewesen/Mensch ist und ein Perspektivenprimat der 3.P.P. behauptet wird. Mentales/Psychisches ist nur *indirekt* zugänglich. Maßgeblich ist der »Raum der Ursachen«.
- Zweite-Person-Perspektive (2.P.P.; »*intersubjektiv*«): Überall da, wo das Nicht-Ich ebenfalls ein zu verstehendes Ich bzw. ein »Du« ist, dabei spielt das gemeinsame sich Beziehen auf etwas Drittes eine entscheidende Rolle. Komplementäre Verschränkung von 1.P.P, 2.P.P. und teilweise 3.P.P. (z.B. in der empirischen Sozialforschung), also von *Teilnehmer- und Beobachterperspektive* oder von Sprecher- und Hörerrolle. Maßgeblich: »Raum der Gründe«. Mentales/Psychisches ist nur *indirekt* zugänglich (Verstehen, Rollenübernahme, Empathie, projektive Identifizierung usw.) oder existiert als »objektiver Geist« (»symbolisch gespeichertes kollektives Wissen« Habermas 2007, S. 115).

Mit dieser Benennung inklusive des Postulats, daß ohne die Beachtung einer oder mehrerer Formen der Dualismen die Kategorie Geist/Psyche/Mentales verfehlt werde ist das Reduktionismus-Problem jedoch noch keineswegs aus der Welt, da sich nun folgende Anschlußfrage stellt: Die verschiedenen Spielarten des methodischen, epistemischen und perspektivischen Dualismus versuchen dem Umstand gerecht zu werden, daß Differenz – z.B. neuronal-mental – nicht einplaniert werden darf. Es hieße aber, eine neue Form des Reduktionismus einzuführen, würde jetzt der Primat *einer* Methode/Perspektive postuliert – etwa Ursachen versus Gründe, Erklären versus Verstehen oder 1.P.P. versus 3.P.P. – während andere als mehr oder weniger irrelevant oder unwissenschaftlich zu meiden wären. Keineswegs bedeutet dies, daß Reduktionismus per se als falsch deklariert wird: im Gegenteil, ein methodologischer Reduktionismus zur Erforschung von neuronalen Realisierungen von Gedächtnissystemen (z.B. Langzeit- und Kurzzeitgedächtnis; Kandel 2006), der auf zelluläre oder molekularbiologische Prozesse fokussiert, ist aus Gründen der Forschungslogik sinnvoll bzw. notwendig. Beim Verständnis subjektiver wie intersubjektiv sich manifestierender mentaler Zustände und Ereignisse ist Reduktionismus jedoch gefährlich und wird kontraproduktiv, weil diese Zustände/Ereignisse als Forschungsobjekte dadurch in einer Weise festgelegt und eingeengt werden, die ihr eigenes Erscheinen in hohem Maße beeinflußt, entstellt oder gar verhindert. Das gleiche träfe zu, würde man den Prozeß der Erkenntnisgewinnung unter den Primat *einer* Perspektive stellen. Experimentelle und Laborforschung streben eine größtmögliche Kontrolle über die experimentelle Situation wie über das »Forschungsobjekt« an, um ein Maximum an Objektivität zu erreichen. Handelt es sich bei dem zu Erkennenden/Erforschenden jedoch um etwas, das sich erst im Prozeß eines intersubjektiven Geschehens zeigt, was bei mentalen Phänomenen ja in einem starken Maße zutrifft, bedeutet die Einengung auf eine Perspektive, daß das zu Erkennende/Erforschende schon in seiner Erscheinungswahrscheinlichkeit reduziert und in seiner Vielschichtigkeit verfehlt zu werden droht. Um dies am Beispiel zu verdeutlichen: Gesa Lindemann hat mit einem soziologisch-empirischen Ansatz alltägliche neurowissenschaftliche Forschungspraktiken, speziell der experimentellen Hirnforschung (Labor) im Hinblick auf die angewandten methodischen Verfahren untersucht (Lindemann 2007a). Ein sehr großer Teil dieser Forschung arbeitet mit Tierversuchen, bei der Untersuchung komplexerer kognitiver Leistungen (etwa Lernaufgaben) etwa mit wachen Makaken. Lindemann konnte nun zeigen, daß diese Forschungen keineswegs auf die Dritte-Person-Perspektive beschränkt sind und auch nicht sein können, weil das für die Durchführung, Auswertung und Interpretation der Experimente ausschlaggebende Verhalten der Versuchstiere von den Untersuchern eingeschätzt und in Rechnung gestellt – und das heißt: *verstanden* werden muß. So ist es von großer Bedeutung, ob man sich darauf einigt, ein bestimmtes Versuchstier als aggressiv, unmotiviert, aufmerksam, drohend, kooperativ usw. zu bewerten. Das heißt, der Beobachter (3.P.P.) muß auch ein »Versteher« (1.P.P./2.P.P.) sein, auch wenn das experimentelle Design offiziell ganz objektiv-behavioristisch als »operantes Konditionieren« bezeichnet wird. Der Neurowissenschaftler erbringt demnach keineswegs nur Erklärungsleistungen, sondern auch Verstehensleistungen. Mit anderen Worten, auch auf der Ebene von Laborforschung im eben angeführten Sinne ist eine multiperspektivische und methodenpluralistische Vorgehensweise Realität. Geht es um die Erforschung sowie das Verständnis menschlicher kognitiver und emotionaler Phänomene, so kann man Lindemanns Schluß nur unterstreichen, daß die »Verabsolutierungen der jeweiligen Perspektivenprimate« für die Fruchtlosigkeit vieler Debatten verantwortlich zu machen sind (ebd., S. 261). Und das gilt in beide Richtungen. Nicht nur der Neurowissenschaftler verfährt reduktionistisch, wenn er die Erste- und Zweite-Person-Perspektive ausblendet, sondern auch der Psychologe oder Sozialwissenschaftler tut es, wenn er die körperlich-biologische Basis mentaler Phänomene vernachlässigt. Das Fazit liegt auf der Hand: Bei Wahrung des »Monismusgebots« sollte die Erforschung der menschlichen Psyche multiperspektivisch und in ihrer Methodologie pluralistisch sein. Das bedeutet nicht Perspektiven- und Methodenmischmasch, sondern (idealerweise) die Bereitschaft des Forschers, die Begrenztheit *einer* Perspektive/Methode berücksichtigend die jeweils eingenommene Perspektive/Methode zu relativieren und in Relation zu den anderen zu stellen, in Abhängigkeit und in Abstimmung mit der konkreten Forschungssituation. Es heißt auch, besonders wenn es sich um komplexere kognitive und emotionale Phänomene handelt, die Forschungssituation selbst »offen« zu gestalten, weil nur so das zu Erforschende sich auch »zeigen« kann (Lindemann 2007b). Was heißt das alles nun für die Psychoanalyse?

IV. Neuro- sowie Sozial- und Kulturwissenschaftler, kognitive Psychologen und Philosophen arbeiten also mit unterschiedlichen Methoden sowie aus differierenden Perspektiven an einer Theorie des Mentalen. Auch die Psychoanalyse verfügt über eine, was Komplexität und theoretischen Reichtum angeht, durchaus attraktive Theorie des Mentalen und man kann ergänzen, sie verfügt, soweit sie sich nicht auf einen Primat des Hermeneutischen festlegt, in Form der Freudschen Metapsychologie mit deren Einbettung in Körper, Biologie, Trieb ab ovo über Brückenbegriffe, die das Mentale mit dem Biologischen verknüpfen. So im Konzept der »Triebrepräsentanz« oder in der Terminologie dessen, was bei Freud »psychischer Apparat« heißt. Mehr noch: »Die Psychoanalyse hatte also immer schon einen Punkt besetzt, zu dem die Kognitionswissenschaft sich erst mühsam hinarbeiten musste: die Einsicht in die ›Verkörperung der Kognition‹« (Kurthen 2002, S. 90). Patrizia Giampieri-Deutsch weist nun mit Recht darauf hin, daß ein erkenntnistheoretisches Merkmal der Psychoanalyse darin besteht, »dass sie mehr Phänomene für erkennbar gehalten hat und hält als andere Wissenschaften« (2002, S. 58). Die Psychoanalyse geht demnach, wenn sie über Psyche/Mentales spricht, von einem extrem weiten Spektrum der in Frage kommenden Phänomene aus. Dieses Spektrum umfaßt alle mentalen Phänomene wie Wahrnehmungen, Empfindungen, Gefühle, über Phantasien, Vorstellungen, Träume und das auf bewußter, vorbewußter und unbewußter Ebene (dynamisch sowie deskriptiv) und zwar in einem Kontinuum von »normal« bis psychopathologisch auffällig. Und dies alles einmal im Sinne dessen, was auf individuell-subjektiver Ebene durch den Terminus »psychische Realität« umfaßt wird sowie auf der Ebene des »objektiven Geistes«, der sich in kulturhistorischen, soziologischen, politischen, künstlerischen, literarischen, filmischen usw. Phänomenen und Produktionen manifestiert. Ein weites Feld. An zentraler Stelle steht dabei die Kategorie des Unbewußten. Noch umfassender als für alles Mentale überhaupt gilt hier, daß Unbewußtes nur *indirekt* erfaßbar ist. Psychoanalytische Erkenntnis ist deshalb zunächst auf einen interpretierenden, verstehenden Zugang zu den jeweiligen, sich sprachlich oder nichtsprachlich manifestierenden Phänomenen angewiesen, wobei die Dimensionen Bedeutung, Sinn und Geschichte leitend sind. Berichtet etwa ein Patient, er habe von einem Kühlschrank geträumt, so kann der Analytiker die Bedeutung dieses Trauminhalts als Ausdruck dessen *verstehen*, daß der Patient den Analytiker, sich selbst oder die Therapiesituation als »unterkühlt« oder »eingefroren« erlebt. Er muß dann voraussetzen, daß bei der Verbindung *»Kühlschrank« <> »Selbst-/Objekt-/Situationsrepräsentanz«* eine Verschiebung, Projektion oder anders geartete Transformation stattgefunden hat. Ergänzt wird dies durch die Zusatzannahme, daß der transformatorische Prozess selbst sowie der Bedeutungstransfer für den Patienten unbewußt sind. *Erklären* muß er aber dann (natürlich nicht in der Therapiesituation), was eine Projektion, eine Verschiebung oder eine Repräsentanz ist. Das heißt, er muß seine Annahmen präzisieren, wie psychische Funktionen (Verschiebung, Projektion, Projektive Identifizierung, Verdrängung usw.) zustande kommen und wie diese der funktionellen Architektur des »psychischen Apparates« gemäß – um Freuds Ausdruck zu verwenden – realisiert werden. Befindet er sich bei Verstehensleistungen auf der Ebene der Ersten- und Zweiten-Person-Perspektive, so kommt, wenn es um psychische Funktionen geht – vereinfacht: das, was der psychische Apparat alles »macht« – die Ebene der Dritten-Person-Perspektive hinzu. Verdrängung zum Beispiel kann inzwischen auf der Ebene einer naturwissenschaftlich experimentellen Analyse nachgewiesen werden (Anderson/Green 2001). (Damit soll natürlich nicht gesagt werden, jedes psychoanalytische Konzept bedürfe einer experimentellen Verifizierung) Für jede der perspektivischen Ebenen läßt sich mit guten Gründen ein methodologischer Primat anführen. Geht es aber um das »Ganze« – eine psychoanalytische Theorie des Mentalen, um metapsychologische Fragen und eine Theorie des »psychischen Apparates«, ohne die auch klinische Phänomene theoretisch wie praktisch konzeptuell nicht erfaßbar wären – so scheint doch die Verschränkung von Multiperspektivität und Methodenpluralismus unumgänglich. Die damit verbundenen Risiken sind bekannt und benannt: Pluralismus im Sinne »schlechter« theoretischer Beliebigkeit, Subjektivismus, Eklektizismus, Relativismus (Thomä 1999, Schühlein1999). Die Alternativen (Perspektiven- und Methodenprimate) sind mit den Risiken behaftet, kaum einen Ausweg aus dem Schulenstreit bieten zu können sowie eine in Gang befindliche und etwa an den Universitäten inzwischen weit fortgeschrittene wissenschaftliche Isolation zu verstärken. Werden nun für die Psychoanalyse Multiperspektivität und Methodenpluralismus bejaht, so bedeutet dies, daß der Abstimmung, Relationierung oder »Passung« der unterschiedlichen Perspektiven/Methoden größte Bedeutung zukommt. (Ich habe diesem Aspekt in Abb. 2 unter dem Stichwort »Psychoanalytische Komparatistik« Ausdruck gegeben.) Daß dies nicht nur auf theoretischer Ebene gilt, läßt sich mit einem kurzen Blick auf die klinische Situation demonstrieren, dargestellt in Form einer versuchsweise als »Klinischen Triade« bezeichneten Konstellation, welche die unterschiedlichen Verstehens- und Erklärungsleistungen des Analytikers in ihrer Komplementarität benennt:

KLINISCHE TRIADE

I:	Wahrnehmen/Erleben/Verstehen	
	(Teilnehmerperspektive)	(1.P.P/2.P.P.)
II:	Beobachten	
	(Beobachterperspektive)	(3.P.P.)
III:	Reflektieren/Nachdenken/Erklären	(1.P.P./2.P.P./3.P.P.)
	(Verschränkung von Teilnehmer- und Beobachterperspektiven)	

Die Möglichkeit (Fähigkeit/Bereitschaft), zwischen diesen Ebenen zu rochieren geht in eine ähnliche Richtung wie bifokale bzw. afokale Konzepte (Schneider 2003) oder der in Bions Triade »no memory, no desire, no understanding« zum Ausdruck gebrachten »epistemischen« Haltung des Analytikers. Multiperspektivität und Methodenpluralismus sind aber noch in einer anderen Hinsicht höchst bedeutungsvoll. Dies wird deutlich, wenn man das, was Psychoanalytiker tun – also behandeln, forschen, theoretische Konzepte erarbeiten, sozio-kulturelle Phänomene untersuchen – in einen *klinischen* und einen *extraklinischen* (Leuzinger-Bohleber 2007, S. 974) Bereich unterteilt. (Abb. 1):

METHODEN / PERSPEKTIVEN

METHODEN

klinisch	**extraklinisch**
– Freie Assoziation	– Therapieforschung: Transkripte/Video/Tonband, Verbatimprotokolle
– Gleichschwebende Aufmerksamkeit	– Methodologie der empirischen Sozialforschung
– Übertragungs-Gegenübertragungs-Analyse	– Falldiskussionen
No memory, no desire …	Experimentelle Psychoanalyse: Traum-/Affektforschung, Neuropsychoanalyse
– Empathie/Rollenübernahme, Projektive Identifizierung	Methode: Experiment/Labor
– …	

PERSPEKTIVEN

1.P.P./2.P.P. (gering: 3.P.P.)	2.P.P./3.P.P. (gering: 1.P.P.)

Abschließend nun der Versuch, in einem Gesamtüberblick die sich von einem multiperspektivischen und methodenpluralistischen Ansatz her ergebende Beschreibung der Psychoanalyse als eigenständige Theorie des Mentalen wiederzugeben:

PSYCHOANALYSE ALS WISSENSCHAFT VOM UNBEWUßTEN

I: KLINISCH | EXTRAKLINISCH

Klinische Situation	Therapie-forschung	Entwicklung	Neuropsych.	Psa. Linguistik
* (Neo-) Freud	* Verlauf	* Säuglingsf.	* Traum	* Meta-phernana-lyse
* (Neo-) Klein/Bion	* Wirk-faktoren	* Bindungsth.	* PV/SV	
* (Neo-) Kohut	* Dialog	* ToM	* UBW/ VBW/BW	*…
* (Neo-) Lacan	* Affektf.	* Pränatal		
* Inter-subjekti-visten	*…	*…	* Klinische NPA	
* Pränatal				
*…				

V V V V V

II: PSYCHOANALYTISCHE KOMPARATISTIK

(Kompatibilitätsforschung und -analyse)

THEORIE DES »PSYCHISCHEN APPARATES«

METAPSYCHOLOGIE

V

III: ANGEWANDTE PSYCHOANALYSE (EXTRAKLINISCH)

Kultur- und Sozialwissenschaften, Kunst/Film, Pädagogik, Sprache/Literatur usw.

Abb. 2: Überblick über eine sich perspektiven- und methodenpluralistisch verstehende Psychoanalyse. Zwischen den unterschiedlichen Ebenen: I: klinisch/extraklinisch; II: Psychoanalytische Komparatistik/Metapsychologie und III: Angewandte, extraklinische Psychoanalyse müssen sich wechselseitig beeinflussende Konzeptualisierungen vorgestellt werden. Dadurch wird die wissenschaftstheoretische/methodologische Zentralstellung von Ebene II deutlich. (ToM= Theorie of mind; PV/SV= Primär-/Sekundärvorgang).

Wie man sehen kann, hat hier die Neuropsychoanalyse ihren Platz unter mehreren, jeweils unverzichtbaren Zugangsweisen zur menschlichen Psyche. Nicht mehr aber auch nicht weniger. Mit zwei Bemerkungen möchte ich schließen. Zum einen: Der in Abb. 2 dargestellte, weit gefaßte Umfang dessen, was Psychoanalyse »ist«, hat für viele vermutlich nicht mehr viel zu tun mit der ihnen »vertrauten« Psychoanalyse. Offensichtlich kollidiert dies mit einem Identifizierungsbedürfnis, dessen Wurzeln wahlweise in einer Sorge um den Verlust des genuin Psychoanalytischen oder in einer ausgeprägten Verunsicherung (»common-ground-Frage«) gesehen werden kann – um nur zwei Möglichkeiten zu nennen. Fast immer ist es allerdings so, daß »psychoanalytische Identität« durchgängig an Teilbereiche dessen geknüpft wird, was in dem Schaubild aufgeführt wird. Gleichzeitig wird an der Weite des Spektrums (Giampieri-Deutsch) der infrage kommenden mentalen Phänomenbereiche festgehalten. Und zum zweiten: Wer soll der überindividuelle »Akteur« sein, der diese weit gespannten Forschungsfelder verfolgt, abstimmt und integriert (»Psychoanalytische Komparatistik«), wo doch die Psychoanalyse kaum noch über eine wissenschaftliche Basis an den Universitäten verfügt? Außer den Instituten, seien es fachgesellschaftsgebundene oder »freie«, scheint mir hier keiner in Sicht, wobei Organisationen wie die IPA ihre schon bestehenden Aktivitäten der Koordinierung unterschiedlicher Forschungsansätze ausbauen könnten. Böte eine sich multiperspektivisch und methodenpluralistisch verstehende Psychoanalyse nicht doch zumindest einen Vorteil? Der Streit um »psychoanalytische Identität« könnte einer Auseinandersetzung mit wissenschaftstheoretischen und methodologischen Grundfragen Platz machen, denen jeder begegnet, der den Anspruch hat, die menschliche Psyche verstehend zu erklären und erklärend zu verstehen. Gelänge dies, befände sich die Psychoanalyse an zentraler Stelle der interdisziplinären Diskussion.

Bibliographie

Altmeyer, Martin; Thomä, Helmut (2006): Die vernetzte Seele. Stuttgart: Klett-Cotta.

Anderson, Michael; Green, Colin (2001): Suppressing unwanted memories by executive control. Nature, 410, S. 366–9.

Buchholz, Michael (2007): Neue Grundbegriffe für die Psychoanalyse. In: Springer, Anne; Münch, Karsten; Munz, Dietrich (Hg.): Psychoanalyse heute?! (Tagungsband der 57. Jahrestagung der DGPT 2006). Gießen: Psychosozial- Verlag, S. 199–225.

Detel, Wolfgang (2007): Perspektiven einer Freiheitstheorie. In: Krüger (2007), S. 349–374).

Ermann, Michael (2006): Sigmund Freud. Forum Psychoanal. 22: 115–116.

Freud, Sigmund (1891/1992): Zur Auffassung der Aphasien. Frankfurt a. M.: Fischer.

Freud, Sigmund (1905): Bruchstück einer Hysterie-Analyse. In: GW Bd. V, S. 163–286.

Freud, Sigmund (1914): Zur Einführung des Narzißmus. In: GW Bd. X., S. 137–170.
Freud, Sigmund (1920): Jenseits des Lustprinzips. In: GW Bd. XIII, S. 1–69.
Freud, Sigmund (1934): Psycho-Analysis. In: GW Bd. XIV, S. 299–307.
Freud, Sigmund (1939): Ergebnisse, Ideen, Probleme. In: GW Bd. XVII, S. 149–152.
Gehirn & Geist (2004): Das Manifest. Hirnforschung im 21. Jahrhundert. Spektrum der Wissenschaft, Nr. 6.
Geyer, Christian (2004): Hirnforschung und Willensfreiheit. Frankfurt a. M.: Suhrkamp.
Fonagy, Peter (2001): Bindungstheorie und Psychoanalyse. Stuttgart: Klett-Cotta.
Giampieri-Deutsch, Patrizia (2002): Psychoanalyse im Dialog der Wissenschaften (Band 1). Stuttgart: Kohlhammer.
Green, André (2006): Das Intrapsychische und das Intersubjektive in der Psychoanalyse. In: Altmeyer & Thomä (2006), S. 227–258.
Hagner, Michael (2006): Der Geist bei der Arbeit. Göttingen: Wallstein Verlag.
Kaplan-Solms, Karen; Solms, Mark (2003): Neuro-Psychoanalyse. Stuttgart: Klett-Cotta.
Kandel, Eric (2006): Auf der Suche nach dem Gedächtnis. München: Siedler-Verlag.
Krüger, Hans-Peter (2007): Hirn als Subjekt? Philosophische Grenzfragen der Neurobiologie. Berlin: Akademie Verlag.
Kurthen, Martin (2002): Philosophische Probleme der interdisziplinären Forschung der Psychoanalyse mit den Kognitionswissenschaften. In: Giampieri-Deutsch (2002), S. 88–98.
Kurten, Martin (2007): Umwege zum Unbewußten. Psyche – Z Psychoanal 61, S. 718–725.
Leuzinger-Bohleber, Marianne & Pfeifer, Rolf (2002): Embodied Cognitive Sience und Psychoanalyse – Ein interdisziplinärer Dialog zum Gedächtnis. In: Giampieri-Deutsch (2002); S. 242–270.
Leuzinger-Bohleber (2007): Forschende Grundhaltung als abgewehrter »common ground« von psychoanalytischen Praktikern und Forschern? Psyche – Z Psychoanal 61, 2007, S. 966–994.
Lindemann, Gesa (2007a): Beobachtung der Hirnforschung. In: Krüger (2007), S. 241–261.
Lindemann, Gesa (2007b): Plädoyer für einen methodologisch pluralistischen Monismus. In: Krüger (2007), S. 401–410.
Lütkehaus, Ludger (2007): Ein Pyrrhus-Sieg? Rückblick auf das Freud-Jahr. Psyche – Z Psychoanal 61, 626–627.
Pauen, Michael & Roth, Gerhard (2001): Neurowissenschaften und Philosophie. München: Fink.
Ricoeur, Paul (1993): Die Interpretation. Frankfurt a. M.: Suhrkamp.
Roth, Gerhard (2006): Willensfreiheit und Schuldfähigkeit aus Sicht der Hirnforschung. In: Roth, Gerhard; Grün, Klaus-Jürgen (2006): Das Gehirn und seine Freiheit. Göttingen: Vandenhoeck & Ruprecht, S. 9–27.
Roth, Gerhard (2007): Gehirn, Gründe, Ursachen. In: Krüger (2007), S. 171–185
Roth, Gerhard (2007): Worüber Hirnforscher reden dürfen – und in welcher Weise? In: Krüger (2007), S. 27–38.
Schneider, Gerhard (2003): Fokalität und Afokalität in der (psychoanalytischen) tiefenpsychologisch fundierten Psychotherapie und Psychoanalyse. In: Gerlach Schlösser; Springer (2003): Psychoanalyse mit und ohne Couch. Gießen: Psychosozial-Verlag, S. 108–125.
Schore, Allen (2005): Das menschliche Unbewusste: die Entwicklung des rechten Gehirns und seine Bedeutung für das frühe Gefühlsleben. In: Green, Viviane: Emotionale Entwicklung in Psychoanalyse, Bindungstheorie und Neurowissenschaften. Frankfurt a. M.: Brandes & Apsel, S. 35–68.

Schramme, Thomas (2005): Psychische Krankheit in wissenschaftlicher und lebensweltlicher Perspektive. In: Herrmann; Pauen; Rieger; Schicktanz: Bewusstsein. München: W. Fink Verlag.
Schühlein, Johann August (1999): Die Logik der Psychoanalyse. Gießen: Psychosozial-Verlag.
Singer, Wolf (2007): Selbsterfahrung und neurobiologische Fremdbeschreibung. In: Krüger (2007), S. 39–59.
Stern, Daniel (2004): Der Gegenwartsmoment. Frankfurt a. M.: Brandes und Apsel.
Thomä, Helmut (1999): Zur Theorie und Praxis von Übertragung und Gegenübertragung im psychoanalytischen Pluralismus. Psyche – Z Psychoanal. 53, S. 820–872.
Wallerstein, Robert (2006): Entwicklungslinien der Psychoanalyse seit Freud. Psyche – Z Psychoanal 60, S. 798–828.

2008 · 509 Seiten · gebunden
ISBN 978-3-89806-473-6

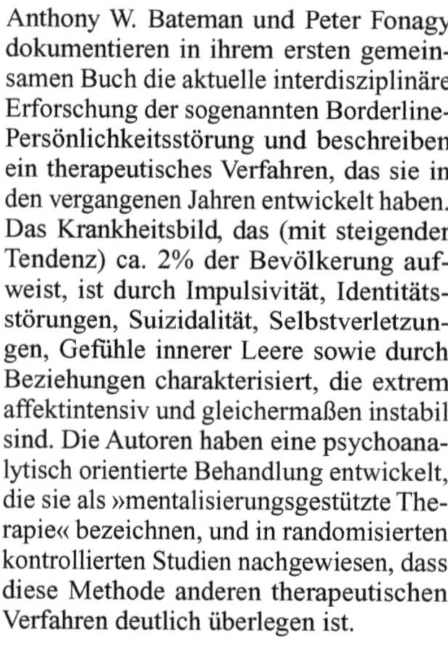

Anthony W. Bateman und Peter Fonagy dokumentieren in ihrem ersten gemeinsamen Buch die aktuelle interdisziplinäre Erforschung der sogenannten Borderline-Persönlichkeitsstörung und beschreiben ein therapeutisches Verfahren, das sie in den vergangenen Jahren entwickelt haben. Das Krankheitsbild, das (mit steigender Tendenz) ca. 2% der Bevölkerung aufweist, ist durch Impulsivität, Identitätsstörungen, Suizidalität, Selbstverletzungen, Gefühle innerer Leere sowie durch Beziehungen charakterisiert, die extrem affektintensiv und gleichermaßen instabil sind. Die Autoren haben eine psychoanalytisch orientierte Behandlung entwickelt, die sie als »mentalisierungsgestützte Therapie« bezeichnen, und in randomisierten kontrollierten Studien nachgewiesen, dass diese Methode anderen therapeutischen Verfahren deutlich überlegen ist.

2003 · 351 Seiten · gebunden
ISBN 978-3-89806-090-5

Peter Fonagy ist einer der wichtigsten zeitgenössischen Vertreter der Psychoanalyse in Großbritannien. Er verknüpft in seinen Arbeiten drei bedeutende Theorien der klinischen Psychologie: Bindungstheorie, Psychoanalyse und Neurowissenschaften (Neuropsychoanalyse).

Dieser Band liefert in Form übersichtlicher Artikel einen Ein-/Überblick in die Arbeiten der Gruppe um Peter Fonagy. Praxisnahes Wissen wird vor dem Hintergrund theoretischer Bezüge vermittelt, das macht das Buch für Praktiker (z. B. praktizierende Therapeuten) ebenso interessant wie für Wissenschaftler.

Gerhard Schneider

»Ein ›unmöglicher‹ Beruf« (Freud) – zur klinischen Bedeutung des Konzepts der Aporie[1]

1. Überblick

Ich beginne mit dem, was ich unter *Aporie* und *Aporetisierung* verstehe (Teil 2) und verknüpfe das mit Überlegungen Freuds zur endlichen und unendlichen Analyse (Teil 3). Von dort aus führt der Weg über Sterbas Konzeption der »therapeutischen Ich-Spaltung« zu einer grundlegenden Problemsituation heutigen Analysierens – zum Problem der dritten Position, und, verbunden damit, zum Problem des Handlungsgehalts von Deutungen (Teil 4). Ich formuliere dann einige allgemeine Überlegungen zur Struktur *aporetisch imprägnierter Analysen* (Teil 5) und veranschauliche das an einer eigenen Fallvignette (Teil 6). Zwei Überlegungen zur klinischen Bedeutung des Konzepts der Aporie schließen meine Ausführungen ab (Teil 7).

2. Das Konzept der Aporie

Aporie kommt vom griechischen »aporía«, das ist »Ausweglosigkeit, Unwirksamkeit, Not, Zweifel«. Platon bezeichnet damit »die Situation, da der Unwissende seiner Unwissenheit inne wird und ein zielbewußtes Suchen anhebt«, ja, die bewußte Herstellung dieser Situation »(poiein aporein) ist das Ziel der sokratischen Fragekunst« (Waldenfels 1972, Sp. 447), und auch bei Aristoteles ist die Aufstellung von Aporien ein methodisches Hilfsmittel (Sp. 447f.; vgl. Schneider 2007, S. 658f.).

1 Die Arbeit geht auf einen Vortrag im Rahmen des Klinischen Workshops am Frankfurter Psychoanalytischen Institut am 30. Juni 2007 zurück. – Einige Abschnitte sind fast wörtlich Schneider (2006, 2007) entnommen. Ich zeichne sie nicht gesondert als Zitate aus. Die Falldarstellung folgt im wesentlichen Schneider (2005).

Vor diesem Hintergrund verstehe ich unter *aporetischen Konstellationen/ Situationen* in der Psychoanalyse Problemkonstellationen, die in der folgenden Hinsicht grundsätzlicher Art sind:

- sie betreffen einen konstitutiven Aspekt des Analysierens, so daß die Möglichkeit des Analysierens selbst *prinzipiell* in Frage steht,
- und zwar ohne daß es eine methodisch ableitbare Lösung gibt, aus der aporetischen Situation, die insofern ein *aporetischer Graben* ist, in einer systematischen Weise in der Fortsetzung der Kontinuität mit der bisherigen analytischen Arbeit herauszukommen; vielmehr muß ein solcher Ausweg jeweils in einem kreativen Akt, dessen Gelingen nicht selbstverständlich ist, entdeckt werden.[2]

Ein kleines klinisches Beispiel dazu von Ogden (1982, S. 62–66) aus der analytischen Behandlung eines schizophrenen Patienten mit einer lange Zeit bestehenden Pattstellung, in der sich nichts mehr veränderte. Das Verstehen und das ihm entsprechende Deuten mußten permanent abgewehrt werden, weil der Patient an den Punkt einer möglichen basalen Selbst-Konstitutierung gekommen war, an dem die Angst unerträglich groß wurde, vom Analytiker überwältigt = ausgelöscht zu werden, indem er diesem gleichgemacht wurde. Deswegen mußte der Patient Deutungen ablehnen und damit den bedrohlichen Analytikerfeind neutralisieren und lahmlegen; denn das Deuten macht die Essenz des Analytikers *als Analytiker* aus. Das ist ein charakteristischer aporetischer Graben:

> »Es hatte sich als unmöglich erwiesen, die Pattstellung durch Deutung zu beeinflussen. Tatsächlich schien Deuten Öl ins Feuer zu gießen, weil der Patient den Versuch selbst, Bedeutungen zu verstehen, als Essenz des Therapeuten sah und ihn deshalb heftig abwehren mußte« (Ogden 1982, S. 64; vgl. Schneider 2007, S. 665f.).

Ich habe die Aporiekonzeption zum einen dazu benutzt, die Entstehung und Entwicklung der psychoanalytischen Behandlungstechnik als Transformationsgeschichte aporetischer Konstellationen zu rekonstruieren (Schneider 2006). Freuds grundlegende Leistung in dieser Hinsicht ist es ja, elementare Behandlungs-, nämlich Erinnerungs- und Einsichtshindernisse in analytische Behandlungsmöglichkeiten zu transformieren: Widerstand und Übertragung.

---

2 Elisabeth Landis hat an dem Ausdruck »methodisch ableitbar« eine grundlegende Kritik des Aporie-Konzepts aufgehängt; vgl. dies und meine Replik im März-Heft der Psyche 2008.

Prominente Beispiele aus der nachfreudschen Entwicklung sind die Gegenübertragung und das Agieren.

Zum anderen läßt sich die Konzeption dekonstruktiv verwenden, indem im Sinne einer aktiven Aporetisierung konstitutive Bestandteile des Analysierens im Hinblick darauf untersucht werden, inwieweit sie potentiell, d.h. in bestimmten Patient-Analytiker-Konstellationen den analytischen Prozeß verunmöglichen, so wie im Beispiel von Ogden (Schneider 2007). In dieser Hinsicht habe ich Aporien des Rahmens, des Deutens, der dritten Position und des analytischen Paars kliniknah herausgearbeitet (s. Teil 7).

In dieser Arbeit geht es um aporetische Situationen, die mit dem Komplex *Verstehen/dritte Position/Deuten* zu tun haben. Ich beginne mit der entsprechenden Referenzstelle bei Freud.

3. Die Problemexposition in Freuds »Die endliche und die unendliche Analyse«

Der genannten Arbeit (Freud 1937c) ist die Charakterisierung des Analysierens als »›unmöglicher‹ Beruf« entnommen. Freuds entsprechende Bemerkung ist ironisch getönt, durchaus aber nicht als Bonmot gemeint, und ich hoffe, daß bereits meine bisherigen Ausführungen es plausibel gemacht haben, daß es sich lohnt, sie ernstzunehmen:

> »Machen wir einen Moment Halt, um den Analytiker unserer aufrichtigen Teilnahme zu versichern, daß er bei Ausübung seiner Tätigkeit so schwere Anforderungen erfüllen soll. Es hat doch beinahe den Anschein, als wäre das Analysieren [neben dem Erziehen und dem Regieren] der Dritte jener ›unmöglichen‹ Berufe, in denen man des ungenügenden Erfolgs von vornherein sicher sein kann« (1937c, S. 94).

Nun ist das Analysieren als Beruf des Psychoanalytikers nichts anderes als: analytische Behandlungen durchzuführen – demnach ließe sich Freuds Bemerkung, kontrafaktisch-paradox zugespitzt, als Vermutung formulieren, *daß Psychoanalyse als Praxis unmöglich ist.*

Die sich aufdrängende Frage ist natürlich, was am Analysieren als analytischer Praxis so beschaffen ist, daß es unmöglich sein könnte. In Freuds Arbeit stehen Aspekte des Patienten im Vordergrund, insbesondere die »Ichveränderung« (S. 68), d.h. die »im Abwehrkampf erworbene Veränderung des Ichs, im Sinne einer Verrenkung und Einschränkung« (S. 64). Der für mich zentrale Aspekt ist deren Ausmaß im Sinne des »Abstand[s] von einem fiktiven Ich [...], das der analytischen Arbeit unerschütterliche Bündnistreue zusichert« (S. 85). Genau hier liegt das entscheidende Problem, denn »die Abwehrmechanismen gegen einstige Gefahren (kehren) in der Kur als Widerstände gegen die Heilung (wieder). Es läuft darauf hinaus, daß die Heilung selbst vom Ich wie eine neue Gefahr behandelt wird« (S. 84).

Die folgenden Ausführungen Freuds machen deutlich, daß diese Konstellation zu einer ausweglosen Situation werden kann. Um nämlich eine Bewußtmachung des Verdrängten und damit einen therapeutischen Effekt möglich zu machen, muß das Ich seine dagegen gerichteten Widerstände aufgeben. Nun sind aber diese dem Ich zugehörigen Widerstände »unbewußt und in gewissem Sinn innerhalb des Ichs abgesondert«, und gegen ihre Aufdeckung richtet sich ein basaler Widerstand, der gegen die Analyse selbst wirkt:

> »Während der Arbeit an den Widerständen tritt das Ich« – wie zur partiellen Beruhigung fügt Freud hinzu: »mehr oder weniger ernsthaft« – »aus dem Vertrag aus, auf dem die analytische Situation ruht. Das Ich unterstützt unsere Bemühung um die Aufdeckung des Es nicht mehr, es widersetzt sich ihr, hält die analytische Grundregel nicht ein, läßt keine weiteren Abkömmlinge des Verdrängten auftauchen« (S. 84),

was bis zur völligen Blockierung der analytischen Situation gehen kann. Das Analysieren gerät also seiner eigenen Logik gemäß unter diesen Bedingungen in eine nicht methodisch auflösbare Situation – hier bezogen auf den nicht durch Analyse auflösbaren Widerstand gegen das Befolgen der Grundregel als Bedingung des Analysierens.

Darüber hinaus unterscheidet Freud in dieser Arbeit implizit zwei Typen von Analysen, es ließe sich von einer *Standardanalyse* und einer *aporetisch imprägnierten Analyse* sprechen. Die Erfolge der von mir hier so genannten Standardanalyse charakterisiert er wie folgt: »Es ist gelungen, die vorhandene neurotische Störung zu beseitigen, sie ist nicht wiedergekehrt und hat sich durch keine andere ersetzt« (1937c, S. 63f.), d.h. die Analyse ist »endgültig« beendbar (S. 64). Als Bedingung dafür gibt er an: »Das Ich der Patienten war nicht merklich verändert und die Ätiologie der Störung eine wesentlich traumatische« (S. 64). Dagegen kann im Falle einer quantitativ beträchtlich erhöhten »konstitutionelle[n] Triebstärke« oder einer »im Abwehrkampf erworbene[n] ungünstige[n] Veränderung des Ichs« die Analyse unerledigbar, »ihre Dauer ins Unabschließbare verlänger[t]« werden (S. 64). Insofern das auf Ich-Veränderungen, also Abweichungen von einem fiktiven »Normal-Ich« beruht, mit dem wir einen [...] Pakt schließen können«, der die Grundlage der analytischen Arbeit bildet, spreche ich aufgrund der daraus resultierenden aporetischen Konstellation von einer *aporetisch imprägnierten Analyse.*

Auf dem Boden dieser bei Freud angelegten idealtypischen Unterscheidung der beiden Analyseformen kann die paradoxe Unmöglichkeitsvermutung zum Analysieren als *Aporie-These* wie folgt formuliert werden: *Analysieren als analytische Praxis ist essentiell aporetischer Art.* Die Auflösung einer aporetischen Situation kann nicht methodisch-zielgerichtet geleistet oder gar einem Manual entnommen werden, sie ist vielmehr ein kreativer Akt des analytischen Paars. Dies verweist darauf, daß die These noch um einen zweiten Teil zu ergänzen ist: *Analysieren als klinische analytische Praxis besteht in dieser Hinsicht in dem Versuch, analytisch aus dem aporetischen Graben herauszukommen, die aporetische Konstellation zu transformieren.*

Hört man dies vor dem Hintergrund des erstgenannten, idealiter nicht aporetisch sich entfaltenden Analysierens, so läßt sich die *Aporie-These* lapidar-paradox auch so formulieren: *Analysieren besteht darin, Analysieren möglich zu machen.*

4. Die aporetische Imprägnierung der analytischen Situation durch das Fehlen der dritten Position

Um die Aporie-These in ihrem konkreten klinischen Gehalt zu verdeutlichen, ist es nützlich, sich klarzumachen, was auf Seiten des Patienten die *Standardanalyse*, wie ich sie hier genannt habe, erfordert. In dieser Hinsicht kann die frühe Arbeit Sterbas (1934) zur »therapeutischen Ich-Spaltung« (S. 944) als zentral angesehen werden. In ihr formuliert Sterba die Unterscheidung zwischen dem durch Abwehr- und Übertragungsprozesse bestimmten »agierende[n] Ich« und dem erkenntnisorientierten »realitätsgerechte[n] Ich« (S. 70). Nur durch eine solche Ich-Spaltung in einen erlebenden und reflektierenden Teil sei das Analysieren möglich: »Das notwendige Schicksal des Ichs im Beginn einer *durchführbaren* [Hervorh. G.S.] Analyse ist also eine *Spaltung* im Bereiche desselben« (1934, S. 68f.). Der realitäts- und erkenntnisbezogene Ich-Teil des Patienten werde durch den erkenntnisorientierten Analytiker, der sich im Deuten artikuliert, angesprochen und aktiviert (S. 68), was zur Aufrichtung eines »Betrachungsstandpunktes« jenseits des triebbestimmten Agierens als Grundlage des analytischen Arbeitens führe (S. 69). Die Einrichtung eines solchen Beobachtungs- und Arbeitsstandpunkts beim Patienten gelinge durch eine »Identifizierung mit dem Analytiker«, wobei die Identifizierung vom Analytiker aktiv herbeigeführt, »provoziert« werde, und zwar »durch die wiederholte Anwendung des Wortes ›wir‹ auf sich und den realitätsgerechten Anteil des Ichs des Patienten. [...] Man könnte sagen, das ›wir‹ sei das Instrument für die therapeutische Ich-Spaltung« (S. 69).

Sterbas Arbeit formuliert implizit auch eine Position zu potentiellen Aporien im Bereich der *Patient-Analytiker-Relation*. Sie macht nämlich deutlich, daß diese Relation durch zwei und *nur* zwei Momente charakterisiert ist: die trieb- und abwehrbestimmte Übertragung einerseits und die durch das »wir« charakterisierte gleichgerichtete erkenntnisorientierte Arbeitsbeziehung andererseits. Nimmt man Freuds (1915a, S. 313) Abstinenzregel hinzu, so ist das eine Beziehung, in der der Patient aufgefordert ist, von seinen momentanen Zuständen, Wünschen, Bedürfnissen immer wieder zum Zwecke einer an Selbsterkenntnis orientierten Arbeitshaltung Abstand zu nehmen – nur in letzterem findet und hat er im Analytiker seinen Verbündeten, eine andere Beziehungsmodalität ist ausgeschlossen.

Vor diesem Hintergrund gewinnt auch *die Deutung/das Deuten* ihre/seine idealtypische oder standardanalytische Gestalt. Bekanntlich ist im freudschen Denken die Deutung »das Erhellen der latenten Bedeutung eines Materials« (Laplanche & Pontalis 1967, S. 118), und dieser Sinn ist im behandlungstechnischen Diskurs in seinem wesentlichen Gehalt bis heute erhalten geblieben:

> »In der analytischen Literatur [...] ist man sich [... einig], daß es vielleicht am praktischsten wäre, unter dem Begriff der Deutung sämtliche Kommentare und sonstigen Interventionen zusammenzufassen, die darauf abzielen, den Patientin mittelbar auf einen Aspekt seines seelischen Geschehens hinzuweisen, dessen er sich bisher noch nicht bewußt war« (Sandler, Dare & Holder 1973, S. 102).

Einigkeit besteht auch darin, daß man die Deutung »als das Charakteristikum der Psychoanalyse bezeichnen (kann)« (ebd.), gleich ob man sie wie Eissler in der normativen Idealtechnik als das einzige Werkzeug betrachtet oder ob man ihr, wie z.B. Balint (Beziehung), andere wesentliche Faktoren zur Seite stellt. Insofern gilt Bibrings Bemerkung von 1954 noch immer, daß »*Deutung* die höchste Instanz in der Hierarchie der für die Psychoanalyse charakteristischen Prinzipien ist« (zit. nach Sandler et al. 1973, S. 96).

Entscheidend ist nun, daß Deutungen standardanalytisch auf den bei Sterba herausgearbeiteten Beobachtungs- oder reflexiven Patienten bezogen sind, d.h. den Patienten, der eine *dritte Position* außerhalb der trieb- und abwehrbestimmten Verwicklungen mit seinem Analytiker einnimmt. Insofern sind Deutungen hier durch ihren verwicklungsunkontaminierten *referentiellen* oder *konstativen* Gehalt charakterisiert. Das bedeutet, daß sie als einsichts- und nicht in irgendeiner sonstigen Weise suggestiv wirkungsorientiert vorgestellt werden: Deutung muß

> »unter dem Gesichtspunkt der Absicht des Analytikers betrachtet werden, Einsichten zu vermitteln, und nicht auf der Grundlage der Wirkungen, die Äußerungen des Analytikers auf den Patienten haben« (Sandler et al., 1973, S. 176).

Aporetisch imprägnierte Analysen unterscheiden sich von der Standardanalyse paradigmatisch darin, daß im Kernbereich der Störung des Patienten die Einnahme oder Herstellbarkeit der therapeutischen Ich-Spaltung, der Arbeitsbeziehung oder der dritten Position beim Patienten *nicht vorausgesetzt werden kann*, sondern in einem mühsamen Prozeß, von dem nicht feststeht, daß er gelingt, errungen werden muß. Ich möchte das an einem bekannten Fallbeispiel von Britton (1989) verdeutlichen. Seine Patientin konnte nicht tolerieren, daß er unabhängig von ihr dachte, d.h. eine analytische Position einnahm, die er andererseits »verzweifelt« suchte. Es entstand dadurch die folgende Situation:

> »Wenn ich mich mit Gewalt in eine solche Position hineinzubringen versuchte, indem ich auf einer Beschreibung von ihr in analytischen Ausdrücken bestand, wurde sie gewalttätig, manchmal physisch, manchmal durch Schreien. Als das ein bißchen besser contained war, konnte sie es in Worten ausdrücken, sie schrie laut: ›Hör mit dem verfickten Denken (fucking thinking) auf!‹« (1989, S. 88).

Im Laufe der Zeit fand sich für Britton der folgende Weg aus diesem aporetischen Graben heraus:

> »Die einzige Art und Weise, einen Ort zum Denken zu finden, die hilfreich und nicht zerstörerisch war, bestand darin, daß ich in mir die Entwicklung meiner eigenen Erfahrung zuließ und *dies mir selbst gegenüber artikulierte*, während ich ihr *mein Verständnis ihrer Perspektive* mitteilte. Ich fand heraus, daß dies tatsächlich die Möglichkeiten erweiterte, und meine Patienten konnte zu denken anfangen« (S. 89).

Der Hintergrund dieser Dynamik war, daß die Patientin unbewußt das Selber-Denken des Analytikers als »Form eines inneren Geschlechtsverkehrs« von ihm mit ihm selbst phantasierte (fucking thinking) und mit einer zerstörerischen Urszene gleichsetzte:

> »Dies, so war ihr Gefühl, bedrohte ihre Existenz. Wenn ich mich später, als die Sachlage nicht mehr so elementar war, Dingen in mir zuwandte, hatte sie das Gefühl, ich würde meine Erfahrung von ihr in mir auslöschen« (S. 88f.).

Anders formuliert, das Denken des Analytikers, also das Einnehmen der reflexiven Position durch ihn, kann für den Patienten in seinem Erleben eine tödliche Gefahr darstellen. Ich habe dies anhand eines eigenen Fallbeispiels (Schneider 2005), das ich in Auszügen weiter unten wiedergebe (Teil 6), in der Hinsicht beschrieben, daß von dem Patienten das Erkannt-werden als Zerstört-werden aufgefaßt wurde, weil sein eigenes Grundmodell des Verstanden-werdens nicht durch Liebe, sondern durch Entwertung und Verachtung, psychisch also durch Vernichtung geprägt war.

In aporetisch imprägnierten Analysen verlieren *Deutungen* ihre Erkenntnis-Unschuld, d.h. die referentielle oder konstative Seite tritt, wie im gerade angegebenen Beispiel, hinter ihrer vom Analytiker nicht intendierten *performativen* oder *Handlungs*-Seite zurück und wird nicht als solche wahrgenommen. Plänkers hat das einmal so ausgedrückt, daß die Deutung »Element *in* einer Übertragungsbeziehung [ist]« (2003, S. 516); solche Patienten hören und bedenken sie *nicht als Interpretation* (konstativer Aspekt), sondern »als eine Form des Handelns im Rahmen früher Objektbeziehungen« (S. 516) (performativer Aspekte). Deuten und Deutungen werden zu einer Aktualisierung von (frühen) Objektbeziehungen (vgl. Schneider 2007, S. 663–666).

Entsprechende Beobachtungen mit ihren jeweiligen spezifischen theoretischen Einbettungen gibt es von früh an, z.B. hat schon Horney (1936) in ihrer Analyse der negativen therapeutischen Reaktion beschrieben, daß selbst richtige Deutungen nicht einfach richtig sind, sondern ein dominierendes Handlungs-Potential haben, etwa zum »Rivalisieren« Anlaß geben oder als »Kränkung« bzw. »gerechtfertige Beschuldigung« erlebt werden (vgl. Sandler et al., 1973, S. 82).

Einige weitere Beispiele zur Veranschaulichung:

Beland schreibt mit Bezug auf die psychotische Persönlichkeitsstruktur, daß zur Rücknahme ausgestoßener projektiver Identifizierungen und damit der »sehr schmerzhaften« Ich-Restitution dienende Deutungen »wie ein tätlicher Angriff« wirken (1989, S. 243).

Zwiebel (2004, S. 158f.) diskutiert den performativen Aspekt von Deutungen bei früh gestörten Patienten im Zusammenhang mit ihrem »Mentalisierungsniveau«. Solche Patienten haben eine situative »theory of mind«, »in der ein einziges Modell eines Ausschnitts der realen Welt als äquivalentes Abbild vorhanden ist«, während eine »repräsentationale Theorie, nach der multiple Modelle über Situationen und andere Personen sowie deren Innenwelten möglich ist, nicht ausreichend entwickelt wurde«. Dieser inneren Situations- statt Repräsentationstheorie zufolge

> »wird die Deutung nicht gehört, [sondern] zurückgewiesen oder löst eine starke Abwehr aus, etwa weil das Erleben der Getrenntheit unerträglich ist oder weil das Denken des Anderen Neid und Ängste vor Identitätsverlust auslöst. Es ist bekannt und stellt eine besondere Herausforderung für den Analytiker dar, daß insbesondere Patienten mit ›frühen Störungen‹ die Deutung des Analytikers als Angriff, Entwertung oder Verführung verstehen und lange Zeit überhaupt nicht von diesem profitieren können« (2004, S. 858f.; vgl. Tustin zur Reaktion autistischer Kinder auf Deutungen [1990, S. 184]).

Schließlich sei noch erwähnt, daß im Hinblick auf traumatisierte Patienten schon Rosenfeld (1986) meinte, daß Deutungen im Hier-und-Jetzt der Übertragungs-Gegenübertragungssituation »ausgesprochen schädlich« bzw. traumatisierend wirken können,

> »weil der Patient sie so erlebt, als wiederhole der Analytiker das Verhalten eines selbstbezogenen Primärobjekts, das fortwährend verlangt, im Mittelpunkt der Aufmerksamkeit und der Anteilnahme des Patienten zu stehen« (Bott Spillius 1991, S. 21).

Es sei noch kurz darauf hingewiesen, daß die Deutungsaporie in der Geschichte der Behandlungstechnik zu vielfachen Transformationsansätzen geführt hat und führt, z.B. Balints (1968) Entdeckung der Bedeutung der Beziehung auf der Ebene der Grundstörung oder Steiners (1993) Unterscheidung von patientenzentrierten und analytikerzentrierten Deutungen (vgl. Schneider 2007, S. 666ff.).

5. Zur Struktur aporetisch imprägnierter Analysen

Die allgemeine Struktur des Aporie-Problems läßt sich gut anhand eines von Scharff (2002) angegebenen Beispiels aus der Behandlung von Borderline-Patienten verdeutlichen:

> »Im Verlauf der Analyse von Borderline-Patienten kommt es fast unweigerlich zu folgender Situation: vorsichtig versucht der Analytiker zu hinterfragen, ob der Patient nicht in irgendeiner Weise an dem von ihm berichteten Geschehen beteiligt ist. Mit einem heftigen ›Das wußte ich, daß Sie das sagen werden!‹ reagiert der Patient in affektiv hoch erregtem Vorwurf, so daß jede Möglichkeit zu weiterem Einsichtsprozeß blockiert ist. Der Analytiker fühlt, daß das, was eine introspektive

Suchbewegung einleiten sollte, vom Patienten als zerstörerische Intrusion erlebt wird. Die Frage, die die Bildung eines Gedankens möglich machen sollte, wird vom Patient sofort durch eine kontrollierende Attacke in Art einer verbalen Affekthandlung psychisch vernichtet und umgearbeitet. Denn auch der Analytiker ist nun verändert, weil ihn die Reaktion auf seine Bemerkung daran zweifeln läßt, ob er den Patienten nicht doch angreifen wollte« (2002, S. 609f.).

Scharff beschreibt weiter, daß innen und außen nicht mehr unterscheidbar sind, wobei er das Bild der Moebius-Schleife (vgl. Schneider 2003a) verwendet:

»Analytiker und Patient sind in einer Situation gefangen, die im Bild der Moebius-Schleife anschaulich gemacht werden kann: Die beiden ineinander verwickelten Kontrahenten behaupten jeweils vom anderen, daß dieser etwas in ihn hineinprojiziert. Innen und außen sind in diesem malignen projektiv-identifikatorischen Patt undifferenzierbar ineinander verschlungen« (Scharff 2002, S. 610).

Dabei ist von entscheidender Bedeutung, daß »eine Beschreibung der Situation von einer dritten Position her [...] fast unmöglich [ist]« (S. 610). Auch die Theorien des Analytikers helfen hier nicht heraus, weil sie kein neutrales Drittes, sondern, vom Patienten aus gesehen, Übermächtigungsinstrumente des Analytikers sind.

Nun ist die *beiderseitige* Fähigkeit zur Einnahme der dritten Position nach den Ausführungen Sterbas die notwendige (und hinreichende) Bedingung für die *Standardanalyse*, in einer anderen Formulierung: für das *klassische Analysieren*. In *aporetisch imprägnierten Analysen* oder, um an die letztere Formulierung anzuschließen, im *nachklassischen Analysieren* ist diese Voraussetzung nicht mehr erfüllt, und das führt zu dem von mir so genannten *aporetischen Graben*, also einer Situation, in der das Analysieren überhaupt erst wieder möglich werden muß. Das war der Inhalt der *Aporie-These* in ihrer paradoxal zugespitzten Form: Analysieren besteht darin, Analysieren möglich zu machen.

Da im aporetischen Graben die Voraussetzung des klassischen oder Standards-Analysierens nicht mehr erfüllt sind, ist diese Ermöglichung nicht in einer im Sinne der Analyse methodischen Weise erreichbar oder machbar, sie hat meines Erachtens in ihrem Kern ein offenes, in sich nicht untätiges tatenloses Warten auf das, was sich aus der analytischen Situation heraus *einstellt*. Das klingt z.B. in den Bemerkungen Brittons zu der weiter oben angeführten »verfickten Analyse« an, wie *sich* irgendwann ein Weg aus der Sackgasse des Nicht-Denken-Dürfens heraus *entwickelte*:

> »Der einzige Weg, eine Möglichkeit zum Nachdenken zu finden, die der Arbeit nicht abträglich war oder zum Abbruch des Kontakts führte, bestand darin, *meinem eignen Erleben innerlich freien Raum zu gewähren*« (1989, S. 101; Hervorh. G.S.).

Als wesentlicher innerer Ermöglichungsgrund dafür ist die von Bion (1970, Kap. 13) im Anschluß an Keats formulierte Negative capability zu nennen, also das Ertragen-Können von Zweifel und Unsicherheit, ohne vorschnell daraus einen Ausweg in eine Lösung zu suchen. Ich möchte betonen, daß es keine *Sicherheit* gibt, daß sich ein produktiver Weg aus dem Graben heraus findet. Da es oft um Leben-Können im Sinne einer elementaren Entfaltung oder auch ganz konkret um Leben oder Tod geht, hat das nachklassische Analysieren implizit also eine *existentielle Dimension.*

6. Fallvignette für eine aporetisch imprägnierte Analyse

Herr B. kommt in einer suizidalen Krise zur Behandlung. Er leidet u.a. unter rezidivierenden depressiven Einbrüchen mit Suizidgedanken und -impulsen, schizoider Gefühllosigkeit und Kontaktproblemen sowie gravierenden Arbeitsstörungen, die sein Studium gefährden. In der Behandlung höre ich später noch von einem phasenweise ausgeprägten Medikamentenabusus (Beruhigungsmittel). Aus seiner Biographie sei erwähnt, daß er seine Mutter als für ihn emotional unzugänglich erlebt hat; sie sei emotional der nur wenig jüngeren Schwester zugewandt gewesen. Auch der Vater war emotional wenig erreichbar, doch bestand zu ihm bis in die Pubertät eine durch intellektuelle Förderung geprägte Beziehung.

Zur Krise kam es nach einigen Jahren hochfrequenter analytischer Behandlung (ab dem zweiten Jahr 4-stündig) im Zusammenhang mit meinem Umzug, auf den der Patient, ohne daß das explizit wurde, innerlich in einer versteckten Weise so reagierte, als wolle ich ihn nicht mehr.

In der letzten Woche vor meinem Umzug wird seine Suizidalität manifest: Er überlegt sich, wie er sich konkret mit Hilfe des Valiums umbringen könne. Dazu erzählt er mir in der Stunde die Geschichte *Ananke* von Stanislaw Lem. In dieser Geschichte stürzt ein neues Raumschiff bei einer Marslandung aus unerfindlichen Gründen ab, nachdem der Computer, statt den Landungsvorgang zu beenden, auf Gegenschub schaltete und so einen »Havariestart« einleitete, der zum Absturz führte. Über eine Reihe von Schlußfolgerungen kommt Pirx, Mitglied der Untersuchungskommission, darauf, daß der Computer auf eine ganz versteckte Weise »sicherheitsüberprogrammiert« worden ist. Verantwortlich dafür ist ein ehemaliger Pilot, Cornelius, den Pirx kennt und der wegen seiner Zwanghaftigkeit in den Bodendienst versetzt wurde. Cornelius habe, so schließt Pirx, aus seiner Zwanghaftigkeit heraus das Computerprogramm mit derart vielen Selbstkontrollverfahren ausgestattet, daß schlußendlich beim Anflug auf den Mars keine Kapazität mehr für die einfache Realitätswahrnehmung vorhanden war und der Computer in seiner Not zu der irrwitzigen Konstruktion, den Mars als einen sich nähernden Meteor aufzufassen, gegriffen habe, um überhaupt noch handeln zu können, deswegen der Havariestart. Zum Schutz weiterer sich dem Mars nähernder Raumschiffe übermittelt Pirx, um Cornelius als Schuldigen zu entlarven, diesem die Botschaft: »Du bist es!«, wohl wissend, daß Cornelius sie versteht und die Konsequenzen ziehen wird, sich umzubringen – das geschieht auch.

Ich interpretiere meinem Patienten das Paar »Pirx – Cornelius« intrapsychisch, so nämlich, daß ein Teil von ihm den anderen abgelehnten, schmutzig-zwanghaften Teil in den Tod treiben wolle. Der Patient weist mich aber zurück: »*Sie* sind Pirx!« Ich bedrohe ihn, Cornelius, also durch eine befürchtete Ablehnung, was ich dann auch so interpretiere, ohne daß dies aber etwas an seiner suizidalen Befindlichkeit ändert. Anscheinend hat in der psychischen Wirklichkeit zwischen ihm und mir und damit auch in meinem Verstehen etwas gefehlt, was meine Interpretation nicht Ausdruck einer psychischen *Wahrheit* werden ließ. Ich war mir im Hinblick auf meine Rolle als Pirx sozusagen keiner Schuld bewußt, das mußte erst noch kommen – denn es gab in der Tat *für mich* keinen Zweifel, daß er weiter zu mir kommen konnte und sollte. Ich *verinnerte* mir also sein abgrundtiefes Mißtrauen in die Verläßlichkeit seiner Objekte nicht, wie wenn ich sagen würde: »So bin *ich* doch nicht!«, obwohl ich, *von ihm aus gesehen*, ihm durchaus berechtigten Anlaß zum Mißtrauen gegeben hatte, was mir aber in dieser Situation emotional nicht zugänglich war, z.B. war ich vor kurzem krank geworden. Hierher gehört auch, daß ich seinen ambivalenten Annäherungswunsch, wie er im Bild der Annäherung an den Mars (!) und des fluchtorientierten Havariestarts zum Ausdruck kommt, nicht angesprochen hatte, als wolle ich ihn also, seiner tiefen Angst vor Zurückweisung entsprechend, nicht in mich hineinlassen.

Suizidalität wie auch Medikamentenmißbrauch bleiben nach meinem Ortswechsel in die eigene Praxis bestehen. Eine Selbstmordfigur aus einem Roman kommt hinzu, ein Schriftsteller, der sich nur wegen seines Erfolges anerkannt fühlt. Auch die geplante Zivilisationsflucht entlarvt sich ihm auf der Reise als Illusion; er ertränkt sich daraufhin im Meer. In diesen Stunden wird die Identifizierung des Patienten mit diesem Schriftsteller deutlich, und ich sage ihm, daß es jetzt einen inneren Kampf in ihm zwischen der Zuwendung zu mir, der für ihn das Leben verkörpere, und der alten Liebe zu dem Schriftsteller gebe. Er wird ganz direkt: Ich sei ein reflektierter Mensch, warum ich denn leben würde, »geben Sie mir einen Grund an, warum ich das sollte!« Nachdem alle Übertragungsdeutungen nicht reichen, sage ich ihm schließlich, daß ich keinen intellektuellen Grund, der ihn überzeugen würde, nennen könnte; es sei eine Selbstverständlichkeit wie das Atmen, die ich mir nicht beweisen müßte. Das erreicht ihn spürbar und eröffnet die Möglichkeit zu neuen Gedanken. Er erzählt mir daraufhin, daß er eine tödliche Medikamentendosis im Mundstück einer Trompete, das er damit gefüllt hat, aufbewahrt. Ich kann ihm dann sagen, daß das ein Ersatz für die Mutterbrust sei, daß er nicht innerlich durch seine Mutter beruhigt worden sei und daß er im Tod eine solche Ruhe suche.

Zur krisenhaften Zuspitzung kommt es, als ich schließlich *psychisch wirklich* zu Pirx für ihn werde. Dies geschieht, nachdem eine gewisse Beruhigung eingetreten ist. In dieser Phase der abklingenden Suizidalität reagiere ich in einer Stunde zustimmend aus meiner momentanen Erleichterung heraus auf Pläne von ihm, daß er in den nächsten Tagen konkret Verschiedenes unternehmen wolle, was es schon seit Wochen nicht mehr gegeben hat. Ich reagiere sozusagen positiv aufmunternd, zwar nicht wörtlich, aber im Sinne von »Ja, tun Sie das!« Überdies kann ich ihm für eine wegen einer Verpflichtung seinerseits ausfallende Stunde (Donnerstag) keinen Ersatztermin anbieten. Zur nächsten Sitzung am Freitag kommt er in einer schwer suizidalen Verfassung, er wolle nicht mehr leiden, ist ganz identifiziert damit und, anders als zuvor, emotional weit weg, es besteht kein direkter, fühlbarer Kontakt. Ich verstehe lange nicht, was los ist, und biete ihm angesichts der konkret im Raum stehenden suizidalen Bedrohung und der bevorstehenden Wochenendtrennung mit dem Hinweis auf seine schlimme Verfassung an, eine weitere Stunde anzuhängen, was er annimmt.

Etwa zum Ende der ersten Stunde geht er zur Toilette, und erst während dieser Zeit fällt mir der Zusammenhang mit der letzten Stunde am Dienstag vor drei Tagen ein und ich frage nach, wie er meine für ihn anscheinend aktive Bejahung seiner Pläne erlebt habe. Erst jetzt wird verstehbar, was passiert ist: Innerlich bin ich durch die supportive Geste für ihn tatsächlich zu Pirx geworden, denn für ihn war das so, daß ich damit gesagt habe: »Zustand infaust!«, das habe ihm aber nichts ausgemacht. Ich sage ihm, er habe mein Abweichen von der Haltung, ihn zu verstehen, und ihn statt dessen aufzumuntern, so erlebt, daß ich ihm innerlich damit den Boden unter den Füßen weggezogen und ihn verlassen habe. Dieses Gefühl habe sich in ihm noch verstärkt, weil ich auch nicht um einen Ersatztermin für den Donnerstag gekämpft hätte. Er selbst könne das gegenwärtig nicht für sich tun und ich müsse das für ihn übernehmen. Würde ich das nicht tun, hieße es für ihn, ich gebe ihn auf. Danach stellt sich wieder ein emotionaler Kontakt her.

Am darauffolgenden Montag erzählt er, daß er am Wochenende Canetti gelesen habe, der vor kurzem in einer Stunde aufgetaucht war, und daß ihn die Lektüre »tief beeindruckt und berührt« habe; er liest mir auch daraus vor und hat sich eigene Gedanken dazu gemacht, die er mir erzählt. Am Dienstag höre ich, daß er über meine Lebens-Selbstverständlichkeit nachgedacht. Der Körper lebe aus sich, niemand wisse eigentlich, was das Lebendigsein genau sei, und das könnte doch auch für die Psyche möglich sein. Das psychische Gerüst müsse bei ihm befestigt werden, dann könnte es auch so werden, daß er zwar über Tod und Selbstmord nachdenken würde, aber aus einer Distanz, ohne daß das existenziell wie bisher mit Selbstmordimpulsen verbunden sein müßte. Die Donnerstagsstunde ist sehr bewegend, als er mir ein von ihm geschriebenes »Abschiedsgedicht« an den Schriftsteller vorliest: Er verabschiedet sich von ihm, der so lange Begleiter und Freund war, und gleichzeitig bringt er seine Trauer über dieses Verlassen zum Ausdruck. In die Freitagssitzung bringt er die Tasche mit seiner Examensarbeit mir, »die soll nicht aus dem Wagen geklaut werden können«.

Ich breche an dieser Stelle ab. In der Tat spielte die Suizidalität im Sinne einer realen Gefährdung wie in den ganzen vorangehenden Jahren im weiteren Verlauf der Analyse keine Rolle mehr. Andererseits war die psychische Medikamentenabhängigkeit weiterhin zentral, und die Trennung von den Medikamenten als einer Ersatzmutter konnte der Patient erst nach einer weiteren wochenlangen schweren Krise leisten. Erst in diesem Zusammenhang sprach er von sich aus an, daß mit meinem Ortswechsel seine Urangst des Abgelehnt- und Verlassenwerdens aufgebrochen sei.

Die grundlegende Veränderung der Suizidalität, deren intrapsychische Struktur von dem Pirx-Cornelius-Paar repräsentiert wird – Cornelius repräsentiert den abgelehnt-entwerteten Teil seiner Selbst-Repräsentanz, Pirx das gnadenlos verfolgende frühe Über-Ich, das das Todesurteil ausspricht –, ist darin begründet, daß sich diese Struktur in der Übertragung aktualisierte, indem ich wirklich zum Repräsentanten von Pirx wurde. Das ermöglichte ihm schlußendlich, mich als *Nicht-Pirx*, als anderes, neues Objekt wahrnehmen und introjizieren zu können. Daß ich das verstehen und mir die Deutung des Geschehenen als Selected fact in der zentralen Freitagsstunde einfallen konnte, dem liegt unter vielem anderen mit zugrunde, daß ich das Pirx-Cornelius-Paar *in mir selbst* in modifizierter Form über lange Zeit erfahren hatte, insofern ich über lange Zeit vieles von dem Patienten nicht verstand, verbunden mit einer entsprechenden analytischen Selbstkritik und dem Gefühl der analytischen Dummheit.

Dabei scheint mir die bereits erwähnte Negative capability, das »NO memory, desire, understanding« (Bion 1970, S. 129) oder anders ausgedrückt, die Akzeptanz der Position des Nicht-Wissens (Schneider 2003b) von entscheidender Bedeutung zu sein, nämlich daß ich diese psychische Konfiguration zwar in mir mitbekam, sie aber, bezogen auf den Patienten, über lange Zeit noch nicht *wahrhaft* verstehen konnte und dies so zu belassen hatte. Ich verstehe das im nachhinein so, daß sich eine solche Konstellation bei diesem Patienten, der das für psychische Veränderungen notwendige Verstanden- oder Erkannt-werden zutiefst fürchtete, in einem analytischen Prozeß zwangsläufig einstellen mußte, weil er aufgrund seines inneren Pirx-Cornelius-Modell sein Erkannt-werden durch mich als seinen Analytiker zunächst einmal *nicht* als ein prinzipiell *liebendes*, sondern als *vernichtendes* Wahrgenommen-werden erwartete – percipi non est amari, sed deleri, Wahrgenommen-werden ist nicht Geliebt-, sondern Vernichtet-werden.

Das nun aber ist eine genuine Aporie-Konstellation, weil das Erkennen und Erkannt-Werden das Herz des analytischen Tuns ist und genau dies eine elementare, ja tödliche Bedrohung darstellt. Der Analytiker wird folglich im zentralen Bereich der potentiellen *heilsamen* Veränderung zutiefst als feindlich und De-Strukteur gesehen, und die Veränderung führt so zwangsläufig an der einen oder anderen Form der Zerstörung, des Todes vorbei – bedrohlich wie der sich nähernde Mars-Meteor.

Ich will noch einmal kurz die Bedrohungslogik rekonstruieren, durch die die Analyse von Herrn B. aporetisch imprägniert wird. Sie wirkt wie eine Konkretisation der Gefahr, die Teiresias in Bezug auf Narziß und dessen Geburt ausspricht: »Befragt, ob diesem Knaben ein langes, reifes Alter beschieden sei, sprach der schicksalverkündende Seher: ›Wenn er sich nicht selbst kennenlernt‹« (Ovid 1994, S. 149, Drittes Buch, Vers 346ff.). Die existentielle Selbst-Sicherung oder, anders formuliert, der Identitätswiderstand gegen die Analyse, zeigte sich in häufigen Abbruchstendenzen. Wenn die Analyse nicht abgebrochen wurde – der Patient war mehrfach am Rande des Abbruchs; was ihn hielt, war ein paradoxes Hoffnungsgefühl, das er später einmal so artikulierte: »Ich wußte nicht, warum ich kam, aber ich wußte, alles andere ist der Tod« –, mußte sie also irgendwann an den Punkt kommen, an dem die primäre Angst, verlassen und damit vernichtet zu werden, auftauchen würde: Das aktualisierte sich mit meinem Ortswechsel. Ferner mußte auch die darüber aufgebaute Selbst-Entwertungsthematik und die mit ihr verbundene Selbst-Tötungsdynamik in der Übertragung virulent werden. Letzteres geschah dadurch, daß ich ihn in seinem Erleben als »infaust« abgeschrieben hatte. Es liegt also in der Logik seines analytischen Prozesses, daß ich als Analytiker für ihn zu seinem Pirx wurde – und an diesem Punkt wurde die Analyse zwangsläufig zu einer *realen* Bedrohung, d.h. Veränderung in dem zentralen Aspekt seiner strukturellen Suizidalität war für ihn zwangsläufig mit einer tödlichen Bedrohung verbunden.

7. Schluß und Ausblick

Ich möchte abschließend kurz auf den Titel meiner Arbeit zurückkommen: die klinische Bedeutung der Konzeption der Aporie. Ich sehe sie zum einen im klinischen Einzelfall, also in konkreten einzelnen Behandlungen, zum anderen im Prinzip der Aporetisierung für die Reflexion konstitutiver Elemente des analytischen Behandelns.

Was den *klinischen Einzelfall* betrifft, so vermag das Erkennen einer aporetischen Konstellation für den Analytiker z.B. hilfreich darin zu sein, das eigene Nichts-bewirken-Können besser zu tolerieren, was wiederum den inneren Raum für potentielle Lösungen erweitert. Sie vermag aber auch, den Blick offener zu bekommen für das existentielle Dilemma, in dem sich der Patient befinden kann. Das Anerkennen einer aporetischen Konstellation ist in der Hinsicht grundsätzlich intersubjektiv strukturiert, als die Aporie den Analytiker *als* Analytiker miteinbezieht. Folglich impliziert sie in der Gegenübertragung eine Reflexion der eigenen Methode und ihrer aktuell gewordenen Begrenzungen in der jeweiligen Patient-Analytiker-Situation.

Unter dem Prinzip der *Aporetisierung* verstehe ich, wie eingangs gesagt, die dekonstruktive Untersuchung konstitutiver Elemente der analytischen Praxis im Hinblick darauf, inwiefern sie, obwohl sie den analytischen Prozeß überhaupt erst ermöglichen, zugleich ein latentes Verunmöglichungspotential enthalten, das in bestimmten Konstellationen virulent werden kann. Wieder paradox zugespitzt formuliert: in der Aporetisierung geht es darum, *das (überhaupt erst) Ermöglichende als Verunmöglichendes in den Blick zu bekommen.* Nun ist ja der aporetische Graben wie in Brittons oder meinem eigenen Behandlungsbeispiel notwendig und kann sich als zutiefst produktiv erweisen: Insofern ist *das Unmögliche ein Teil des Werdens.* Damit wird die konstruktive Seite der Aporetisierung deutlich: *das Verunmöglichende als Ermöglichendes sichtbar zu machen.* Konkret bedeutet das, im scheinbar sicher-abgeschlossenen, kompakten Einen ein ihm widersprüchliches Anderes als mitseiend anzuerkennen – insofern ist die Aporetisierung ein Akt der Entdeckung und Aufrechterhaltung von *zusammengehörig Widersprüchlichem* (vgl. Schneider 2007, S. 679ff.).

Ich schließe mit einem Beispiel für dieses »zusammengehörig Widersprüchliche«. Bekanntlich stiftet der Rahmen Kohärenz und Kontinuität, denn er ist innerhalb der analytischen Situation der »Nicht-Prozeß [...] gebildet aus Konstanten, innerhalb von deren Grenzen der Prozeß stattfindet« (Bleger 1967, S. 511). Im Sinne der Aporetisierung ist hier zu fragen, ob er nicht darin *zugleich auch* ein fundamentales Prozeß-Hindernis darstellen kann. Das nun wirft die Frage auf, ob nicht unter bestimmten Bedingungen nichtwillkürlicher Art ein *Durchbrechen* des Rahmens notwendig ist, damit das Analysieren in einer substantielle Veränderungen ermöglichenden Form weitergehen kann. Trimborn (1995) hat das unter den Begriff des *Ereignisses* gefaßt, durch das der Rahmen durchbrochen wird. Anders gesagt, zum Rahmen ist das ihm widersprechende, von ihm ausgeschlossene Ereignis zugehörig. Genauer noch: die Aporetisierung läßt erkennen, daß der Rahmen das durch ihn Ausgeschlossene als ein solches konstituiert, das im Dienste der Wahrheit des Analysierens ihn temporär durchschlagen kann und muß – in dieser Hinsicht hat der Rahmen neben seiner konservativ-einschließend-begrenzenden zugleich eine *transgressive Funktion* (vgl. Schneider 2007, S. 660–663).

Bibliographie

Balint, Michael (1968): Therapeutische Aspekte der Regression. Die Theorie der Grundstörung. Stuttgart: Klett-Cotta, 1970.

Beland, Hermann (1989): Ich-Veränderung durch Abwehrprozesse und die Grenzen der Analyse. Ztschr psychoanal Th Pr 4, 225–249.

Bion, Wilfred R. (1970): Attention and Interpretation. London (Maresfield Library).

Bleger, José (1967): Psycho-analysis of the psycho-analytic frame. Int J Psychoanal 48, 511–519.

Bott Spillius, Elizabeth (1991): Einleitung. In: dies. (Hg.) (1988): Melanie Klein Heute. Entwicklungen in Theorie und Praxis. Band 2: Anwendungen. Weinheim: Verlag Internationale Psychoanalyse, 1991, 5–21.

Britton, Ronald (1989): The missing link: parental sexuality in the Oedipus complex. In: Ronald Britton, Michael Feldman & Edna O'Shaughnessy. Ed. by John Steiner. The Oedipus Complex Today. Clinical Implications. London: Karnac, 83–101.

Freud, Sigmund (1915a): Bemerkungen über die Übertragungsliebe. GW X, 306–321.

Freud, Sigmund (1937c): Die endliche und die unendliche Analyse. GW XVI, 59–99.

Horney, Karen (1936): The problem of the negative therapeutic reaction. Psychoanal Quart 5, 29–44.

Laplanche, Jean & Pontalis, Jean-Baptiste (1967): Das Vokabular der Psychoanalyse. Frankfurt a. M.: Suhrkamp, 1972.

Ogden, Thomas H. (1982): Projective Identification and Psychotherapeutic Technique. Northvale: Jason Aronson.

Plänkers, Tomas (2003): Veränderungen im psychoanalytischen Verständnis der Angst. Psyche – Z Psychoanal 57, 487–522.

Platon: Menon. In: Sämtliche Werke. Band II. In der Übers. von Friedrich Schleiermacher. Reinbek bei Hamburg: Rowohlt, 1964.

Ovid: Metamorphosen. Lateinisch/Deutsch. Übers. und hg. von Michael von Albrecht. Stuttgart: Reclam, 1994.

Rosenfeld, Herbert (1986): Transference – countertransference distortions and other problems in the analysis of traumatised patients. Unveröffentl. Vortrag, gehalten vor der British Psycho-Analytical Society, 30.04.

Sandler, Joseph, Christopher Dare & Alex Holder (1971): Die Grundbegriffe der psychoanalytischen Therapie. Stuttgart: Klett-Cotta, 1973.

Scharff, Jörg (2002): Zur Zentrierung auf innere und äußere Faktoren als zwei Perspektiven klinischen Verstehens. Psyche – Z Psychoanal 56, 601–609.

Schneider, Gerhard (2003a): $X^n - | \; | \rightarrow X^{n+1}$: Das Unmögliche als Keim des Werdens. In: Hildegard Lahme-Gronostaj (Hg.): Symbolisierung und ihre Störungen. Herbsttagung der DPV in Frankfurt a. M. vom 21. bis 23.11.2002. Bad Homburg: Geber & Reusch, 260–271.

Schneider, Gerhard (2003b): Die Zukunft? Plädoyer für eine atopische Grundhaltung in der Psychoanalyse – mit einem Exkurs zu Melvilles *Bartleby*. Psyche – Z Psychoanal 57, 226–248.

Schneider, Gerhard (2005): Die Gefahr der Heilung – psychische Veränderung als tödliche Bedrohung. Jb Psychoanal 51, 81–112.

Schneider, Gerhard (2006): Ein »›unmöglicher‹ Beruf« (Freud) – zur aporetischen Grundlegung der psychoanalytischen Behandlungstechnik und ihrer Entwicklung. Psyche – Z Psychoanal 60, 900–931.

Schneider, Gerhard (2007): Ein »›unmöglicher‹ Beruf« (Freud) – das aporetische Prinzip in der Reflexion der psychoanalytischen Behandlungstechnik. Psyche – Z Psychoanal 61, 657–685.

Steiner, John (1993): Psychic retreats. Pathological Organizations in Psychotic, Neurotic and Borderline Patients. London: Routledge.

Sterba, Richard (1934): Das Schicksal des Ichs im therapeutischen Verfahren. Psyche – Z Psychoanal 29, 1975, 941–949.

Trimborn, Wilfred (1995): Der Rahmen und das psychoanalytische Ereignis. In: Johann-Peter Haas u. Gemma Jappe (Hg.): Deutungs-Optionen. Für Wolfgang Loch. Tübingen: edition diskord, 93–118.

Tustin, Francis (1990): The Protective Shell in Children and Adults. London (Karnac).

Waldenfels, Bernhard (1971): Aporie, Aporetik. In: Joachim Ritter (Hg.): Historisches Wörterbuch der Philosophie. Bd 1: A-C. Darmstadt: Wissenschaftliche Buchgesellschaft, 447–448.

Zwiebel, Ralf (2004): Der Analytiker als Anderer: Überlegungen zum Einfluß der Person des Analytikers in der analytischen Praxis. Psyche – Z Psychoanal 58, 836–868.

Peter Giesers & Werner Pohlmann

Die Bedeutung der Sexualität in den vier Psychologien der Psychoanalyse

Zusammenfassung:
Die Sexualität ist in der Psychoanalyse über lange Jahrzehnte hinweg der zentrale Forschungsgegenstand gewesen. Die Theorie der Psychoanalyse ist in weiten Teilen stark von den leibnahen Bildern der Sexualität geprägt. Für die Triebpsychologie ist dies offensichtlich, denn die Libido-Theorie ist zugleich eine Theorie der Sexualität. Doch wie steht es mit der Ich-Psychologie, der Objektbeziehungstheorie und der Selbstpsychologie? Wie verändert sich der Blick auf die Sexualität in den vier Psychologien der Psychoanalyse und wie wirkt das Sexuelle zurück auf die Theorie? Dieser Frage gehen wir nach, indem wir die Entstehung einer Theorie als die Bildung eines wissenschaftlichen Gegenstandes begreifen. Dieser »Gegenstand« bestimmt dann, was und wie etwas von der Theorie her aufgegriffen und dargestellt werden kann. »Libido«, »Ich«, »Objektbeziehung« und »Selbst« sind solche Gegenstände, sie sind mit spezifischen Konstruktionsprinzipien verbunden, die Wirklichkeiten erst herstellen. Dabei rückt als besonders bedeutsam heraus, ob das seelische Geschehen als ein Zusammenwirken von »Kräften« gesehen wird (z.B. von Sexual- und Ichtrieben) oder als ein Geschehen, das durch einen Wechsel von (Affekt-)Zuständen bestimmt wird (z.B. Kohärenz vs. Fragmentierung). Bei unserer Untersuchung zeigte sich, daß die vier Perspektiven sich nicht gegenseitig ausschließen, sondern vielmehr in einem spannungsreichen Ergänzungsverhältnis stehen.

Schlüsselwörter: Libidotheorie, Ich-Psychologie, Objektbeziehungstheorie, Selbstpsychologie, Sexualität

Summary: The sexuality has been for long decades the central research object in psychoanalysis. The theory of psychoanalysis is marked strongly by the images of the sexuality. This is evident for the instinct theory, but how evident is this in the ego-psychology, in the object relations theory and in the self psychology? How does the perceptions of sexuality change in the four psychologies of psychoanalysis and how does sexuality works back to the theory? We understand the origin of a theory as a productive construction of a scientific »object«. These »scientific objects« determine the inner shaping of the given perceptional reality. »Libido«, »ego«, »object relations« and »self« are such objects, they are connected with specific principles of construction which create realities. In this context it is important, whether the psychic phenomena are seen as function of a »force play« (for example: sexual drive versus ego drives) or as an event which is determined by a change of affective states (for example: coherently versus fragmently). We are convinced that the four concepts do not exclude themselves mutually, but they have a complementary relationship rich in tension.

Key words: Instinct theory, ego-psychology, object relations theory, self psychology, sexuality.

Einleitung

Neben der Annahme, daß das seelische Geschehen vor allem durch unbewußte Prozesse gesteuert wird, ist die Bedeutung der Sexualität als Erklärungsprinzip das wohl bekannteste Kennzeichen, mit dem die Psychoanalyse identifiziert wird. Freud machte die Anerkennung dieser beiden Annahmen, neben der Anerkennung der Wirkung von Verdrängung und Widerstand sowie der Würdigung des Ödipuskomplexes, zur Voraussetzung für die Mitgliedschaft in der Gemeinschaft der Psychoanalytiker. Dieser »common ground« wird heute von vielen Psychoanalytikern nicht mehr geteilt, weil er als eine unerträgliche Einengung empfunden wurde. Andererseits aber wird auch immer wieder das Fehlen einer gemeinsamen Basis beklagt (Wallerstein 1992). Aus diesem Grunde lohnt es sich u. E., die vier Grundpfeiler der Freudschen Psychoanalyse als Referenzpunkte zu erhalten, um die Theorieentwicklung der Psychoanalyse Schritt um Schritt nachvollziehen und ihre Konzepte psychologisch aufeinander beziehen zu können.

Wenn man sich mit der Bedeutung der Sexualität innerhalb des psychoanalytischen Theoriegebäudes befaßt, dann erscheint sie auf den ersten Blick untrennbar verbunden mit einem Bekenntnis zum Triebbegriff als zentralem Motiv seelischer Entwicklungen. Freud nahm Bezug auf eine Trieblehre, um seiner »Seherfahrung« (Salber 1959) Ausdruck zu verleihen, das seelische Geschehen lasse sich nach Art eines Kräftespiels darstellen (Freud 1923, S.

229). Die veränderte Rolle der Einschätzung der Sexualität in den psychoanalytischen Konzepten nach Freud hat jedoch, wie wir zu zeigen versuchen, weniger etwas mit dem Festhalten an oder der Ablehnung des Triebbegriffs zu tun als vielmehr damit, ob man weiterhin das seelische Geschehen als ein Kräftespiel auffaßt oder aber, wie es Breuer in seinem theoretischen Teil der Hysteriestudien getan hat, von seelischen Zuständen her zu logifizieren sucht. Die neueren psychoanalytischen Konzepte der Sexualität greifen implizit auf Breuer zurück, sie nehmen eine Psychologie wieder auf, die Freud in den Anfängen seiner Psychologie verworfen hatte. So schreibt Freud in seiner »Selbstdarstellung«, Breuer bevorzuge »eine sozusagen physiologische Theorie; er meinte, solche Vorgänge entzögen sich dem normalen Schicksal, die in außergewöhnlichen – hypnoiden – Seelenzuständen entstanden seien. Damit war eine neue Frage, die nach der Herkunft solcher Hypnoide aufgeworfen. Ich hingegen vermutete eher ein Kräftespiel, die Wirkung von Absichten und Tendenzen, wie sie im normalen Leben zu beobachten sind. So stand die »Hypnoidtheorie« gegen Abwehrneurose« (Freud 1925, S. 47).

Die Darstellung des seelischen Geschehens nach Art eines Kräftespiels verlangt das Herausarbeiten derjenigen Kräfte, deren Zusammen- oder Gegeneinanderwirken die jeweiligen seelischen Gegebenheiten hervorrufen: »Die Symptome (...) entstanden dadurch, daß sexuelle Triebregungen von der Persönlichkeit (dem Ich) abgewiesen (verdrängt) worden waren und sich auf Umwegen durch das Unbewußte einen Ausdruck verschafft hatten. Somit konnte man zurechtkommen, wenn man den Sexualtrieben Ichtriebe (Selbsterhaltungstriebe) entgegenstellte, (...)« (Freud 1923, S. 230). »Sexualität« wird hier also zu einer bestimmenden Kraft neben einer anderen, den Selbsterhaltungstrieben. Die Sexualität wird zu einer theoretischen »Letztheit«, die die seelische Wirklichkeit produziert. Und umgekehrt: das Phänomen des Triebhaften in der Sexualität produziert eine bestimmte theoretische Konstruktion der seelischen Wirklichkeit (Trieb und Abwehr).

Ganz anders stellen sich jedoch die Verhältnisse dar, wenn man das seelische Geschehen von Zuständen her aufzufassen und darzustellen versucht: hier kann »Sexualität« nicht mehr als eine von mehreren bestimmenden Kräften, gleichsam als eine »Letztheit« für Erklärungen aufgefaßt werden. Sexualität als Triebschicksal ist nicht mehr das tragende Prinzip des seelischen Geschehens, nicht mehr kommt in Anderem Sexuelles zum Ausdruck, sondern »Sexualität« ist nun selber Ausdruck oder Produktionsform seelischer Zustände und ihrer Entwicklungen. Sexualität ist wesentlich »Sexualisierung«, im Dienste eines ersehnten affektiven Zustandes oder zur Abwehr eines befürchteten Zustandes.

Um die Bedeutung der Sexualität in der Entwicklung der Psychoanalyse als Wissenschaft überschaubar zu machen, greifen wir die Systematik von F. Pine auf, der unterscheidet zwischen einer »Psychologie des Triebes, des Ichs, der Objektbeziehungen und des Selbst« (Pine 1990, S. 232). Auch wenn es sich hier um eine grobe Einteilung psychoanalytischer Konzepte handelt, so ist sie doch sehr hilfreich, um zentrale Aspekte dieser verschiedenen Konzepte herausarbeiten zu können.[1] Während Libido-Theorie und Ich-Psychologie das Seelische nach Art eines Kräftespiels rekonstruieren, konzeptualisieren Objektbeziehungstheorie und Selbstpsychologie das seelische Geschehen als Wechselspiel von affektiven Zuständen.

Die Paradoxie der Sexualität in der Triebpsychologie

Wie kam es, daß »Sexualität« in den Fokus der Psychoanalyse rückte? Noch über die »Hysterie-Studien« schreibt Freud im Rückblick: »In den Krankengeschichten, die ich zu den Studien beigesteuert, spielen Momente aus dem Sexualleben eine gewisse Rolle, werden aber kaum anders gewertet als sonstige affektive Regungen. (…) Aus den Studien über Hysterie hätte man nicht leicht erraten können, welche Bedeutung die Sexualität für die Ätiologie der Neurosen hat« (Freud 1925, S. 46).

Aber auf der Suche nach einer Erklärung für die pathogenen Vorgänge zeigte Freud »eine rasch sich steigernde Erfahrung, daß nicht beliebige Affekterregungen hinter den Erscheinungen der Neurose wirksam waren, sondern regelmäßig solche sexueller Natur, entweder aktuelle seelische Konflikte oder Nachwirkungen früherer sexueller Erlebnisse«. Und weiter heißt es: »Unter dem Einfluss meines überraschenden Fundes machte ich nun einen folgenschweren Schritt. Ich ging über die Hysterie hinaus und begann das Sexualleben der sogenannten Neurastheniker zu erforschen« (ebd., S. 55).

Das Studium des Sexuallebens führte ihn schließlich dazu, die »Sexualität« selbst in den Rang eines Erklärungsprinzips zu erheben. Bis zur Aufgabe der Verführungstheorie war das sexuelle Geschehen ein äußeres Ereignis, das die Entwicklung der Persönlichkeit von außen fördert oder beeinträchtigt. Mit der

1 Eine Darstellung dieser Psychologien in der Entwicklung der Psychoanalyse von einem wissenschaftstheoretischen Konzept her, das psychologische Wissenschaften als eine Bildung von psychischen Gegenständen auffaßt (Salber 1959) würde zu anderen Einteilungen führen. Wir greifen dieses Konzept implizit mit unserem Hinweis auf, daß diese vier Psychologien sich auch darin unterscheiden lassen, ob sie von einem »Kräftespiel« ausgehen oder von »seelischen Zuständen«.

Triebpsychologie wurde die Natur des Sexuellen selbst zum Agens der Entwicklung. Der Begriff der Sexualität erfuhr damit eine immense Ausweitung. »Sexualität« mußte als Begriff mehr umfassen als die »populäre Meinung« bisher zur Kenntnis nehmen wollte, wie Freud zu Beginn seiner »Drei Abhandlungen« deutlich macht. »Sexualität« wurde zur »Psychosexualität«.

»Psychosexualität« heißt, daß Sexualität nicht als Ausdruck eines biologischen Drangs zu verstehen ist, sondern daß Sexualität eine Dichtung, eine phantastische Realität ist, daß wir mit ihr unsere Wirklichkeit gestalten und ausgestalten – und zwar lustvoll. Das entscheidende Bild für die so gefaßte Sexualität ist, daß sie »infantil« ist. Infantil heißt aber hier nicht nur, daß Sexualität schon in der Kindheit anfängt, sondern infantil heißt vor allem, daß diese Sexualität vielgestaltig, »polymorph« und zugleich »pervers« ist. In der »gleichmäßigen Anlage zu allen Perversionen« sieht Freud »das allgemein Menschliche und Ursprüngliche« (Freud 1905, S. 92), aus der allgemeinen Perversion entwickele sich erst das normale sexuelle Verhalten (Freud 1905, S. 132). Dieses Postulat einer »infantilen« Sexualität, die sich erst langsam zu einer kulturell akzeptablen »erwachsenen« Sexualität formt, dabei ein »Triebschicksal« erfährt und jederzeit auf frühere Formen regredieren kann, ist bis heute »anstößig« und trifft auf Widerstand. Die infantile Sexualität zeigt sich in verschiedenen Formen und Wendungen, sie kann sich im Laufe ihrer Entwicklung fixieren, so daß wir bestimmte Entwicklungen nicht mehr in ihrer Vollständigkeit weiter verfolgen oder diese Formen in andere Entwicklungen einbeziehen wollen. Wir können dann auf solche Fixierungen zurückgreifen, wenn es anderswie nicht weitergeht. Daraus entstehen entweder die mannigfachen sexuellen »Abweichungen« oder die neurotischen Störungen, wenn wir gegen diese Regression Einspruch erheben und sie unbewußt zu machen suchen.

Es kommt noch merkwürdiger: die menschliche Sexualität ist zweizeitig. Die eigentliche infantile Sexualität wird unterbrochen durch eine dazwischen liegenden Pause, die Latenz, und erfährt eine entscheidende Umwandlung in der Pubertät, in der die infantilen Strebungen und Objektbesetzungen wiederbelebt werden. Die »infantile Welt« ist anders strukturiert als unsere »Erwachsenen-Welt«. Freud erweiterte damit den Begriff der Sexualität in zweifacher Weise: sie steht nicht, wie es die populäre Meinung hinstellt, im Dienste der Fortpflanzung und ist nicht nur auf das andere Geschlecht bezogen, sondern sie ist eine nach Lust strebende Körperfunktion, die nicht zwangsläufig in einer engen Beziehung zur biologischen Funktion und zum Liebesobjekt steht. Zugleich zählen zu ihr auch alle Formen von zärtlichen und freundschaftlichen Regungen.

Die infantilen sexuellen Strebungen in der Libidotheorie sind keine isolierten Triebreize, die nur einfach auf physiologische Abfuhr drängen, sondern von Anfang an komplette, lustvolle Umgangsformen mit der Wirklichkeit. Das Seelische als Psychosexualität stellt mit der Wirklichkeit etwas an, schafft überhaupt erst mit ihren Strebungen das, was für sie wirklich ist im Sinne lustvoller Wirkungen. Die Vielfalt sexueller Strebungen, ihr polymorph-perverser Reichtum steht dabei von Anfang an unter einem Druck der Vereinheitlichung. Die Partialtriebe sind immer schon Organisationen: aus der Vielfalt von Kombinationsmöglichkeiten werden im Laufe der Entwicklung Muster aufgebaut, die wie Strukturen unserem Leben eine Richtung geben (Charakterentwicklung). Sie sind daher stets eingebunden in komplexe Strukturierungsprozesse. Diesen eignet von den Libidopositionen her (Orales, Anales, Phallisches) eine eigene inhaltlich umrissene Dramatik, die im Bild des Ödipuskomplexes gleichsam ihr Rahmenmotiv findet (Salber 1986, S. 38). Es geht um seelische Produktionen, in denen Leibnahes, Sinnliches (die Quellen des Triebes), die Triebziele sowie Umwelt zusammenwirken: Einverleiben, Verschlingen, Matschen oder Isolieren, Bestimmen, Verweigern, Beschauen, Betasten, Auftritte genießen etc.

Die Libidotheorie ist damit zwar auch eine Objektbeziehungstheorie, die allerdings den Akzent legt auf die Art und Weise, wie eine Beziehung zu einem Objekt hergestellt wird. Die Triebschicksale sind entscheidend, nicht die Objekte.

Der Geschlechtstrieb ist in der Triebpsychologie also hoch zusammengesetzt, eine Kombination oder Gefüge mehrerer Momente, kein einfacher innerer Reiz. Daher ist auch das Befriedigungserlebnis ein komplexes Geschehen, keine einfache Abreaktion. Dies wird schon daran deutlich, daß das die Libido beherrschende Lustprinzip sich nicht so einfach durchsetzen kann. Vielmehr muß sie sich mit den Normen und Formen der jeweiligen Kultur auseinandersetzen, die die Befriedigung abwandelt, auf andere Ziele oder Objekte lenkt oder sie schließlich ganz abweist, so daß Verdrängungen notwendig werden. Dabei ist das Realitätsprinzip, das den Kulturanspruch repräsentiert, selbst abgeleitet aus dem Lustprinzip: Es ist gleichzeitig Gegenspieler des Lustprinzips und sein notwendiger Verbündeter, weil das Seelische nur über das Realitätsprinzip überhaupt erst eine lustvolle Befriedigung sichern kann. Auf dem Weg dorthin müssen wir daher auch immer eine gewisse Unlust in Kauf nehmen. Lust ist gar nicht ohne Unlust zu haben. Sexualität ist paradox.

Eine so gefaßte Sexualität als Erklärungsprinzip ermöglichte Freud, den ganzen Reichtum, die ganze Vielfalt seelischer Phänomene, insbesondere aber diejenigen, die sich als neurotische Symptome zeigen, als Metamorphosen der infantilen Sexualität in Auseinandersetzung mit den »Ichtrieben« überschaubar zu machen.

Diesem Kräftespiel von Sexualtrieben und Ichtrieben war jedoch ein Problem inhärent: »die Natur der Ichtriebe blieb dabei zunächst unbestimmt und der Analyse unzugänglich wie alle anderen Charaktere des Ichs. Ob und welche qualitativen Unterschiede zwischen beiden Triebarten anzunehmen sind, war nicht anzugeben« (Freud 1923, S. 230). Oder anders gesagt: woher nimmt das Ich die Kraft, sich gegen die mächtigen Sexualtriebe zu stellen bzw. wie gewinnt das Ich eine Liebe zu sich selbst und wie setzen sich die Normen und Forderungen der Kultur im Ich um?

Freud lehnte Jungs Konzept einer Urlibido ab, die sexualisiert und desexualisiert werden konnte, und suchte stattdessen die Lösung in einem seelischen Urzustand, den er »Narzißmus« nannte. Das Studium des Ichs statt der Sexualtriebe zeigte ihm nun, daß die Libido von den Objekten abgezogen werden und sich in eine Ichbesetzung umwandeln kann. Das Ich wurde damit zunächst zum eigentlichen »Libidoreservoir«, »aus dem Libido auf die Objekte entsandt wird, und das immer bereit ist, die von Objekten rückströmende Libido aufzunehmen« (ebd. S. 231). Das Kräftespiel war gerettet: statt eines Konflikts zwischen Sexual- und Ichtrieben besteht nunmehr der Konflikt zwischen Objekt- und Ichlibido.

Mit der Umwandlung von Objektlibido in Ichlibido ist jedoch eine gewisse Desexualisierung verbunden. Die Art und Weise dieser Umwandlung beschreibt Freud dann mit dem Mechanismus der Identifizierung (Freud 1921). Mit Hilfe der Identifizierung bemächtigt sich das Ich der Libido der Objektbesetzungen und macht sich so zum Liebesobjekt für die Libido.

Schließlich dreht Freud das Bild der Psychosexualität noch ein Stück weiter, indem er dem Lustprinzip ein »Jenseits« gibt. Dabei geht er von der Erfahrung aus, daß wir oft das wiederholen, was uns unangenehm, peinlich, schmerzvoll ist – eine Erfahrung, die der Wirksamkeit des Lustprinzips widerspricht. Ehe ein Lustprinzip überhaupt wirksam sein kann, muß es so etwas wie Begrenzung, wie einen Reizschutz oder eine Bindung geben. Die frei beweglichen, primärprozesshaft drängenden Triebe, die nur einen früheren Zustand wiederherstellen wollen, also in sich eine Tendenz zum Tode haben, müssen gebunden werden, damit das Lustprinzip überhaupt wirken kann. Was sich als Trieb-Muster gebildet hat, will im Grunde seine Ruhe haben, sperrt sich gegen jede weitere Entwicklung, aber »durch die Zufuhr neuer Reizgrößen«, wie Freud meint, kommt es zu neuen Verlebendigungen, also dem Aufbau neuer Einheiten. Alles, was nun mit Sexualität zu tun hat, ist so eingebunden in einen Dualismus von Bindung und Entbindung, von Eros und Todestrieb, Gestalt und Verwandlung. Es ist immer beides da und damit wird auch die Sexualität als primäre Motivation und der Dualismus eines Kräftespiels relativiert. Es ist immer der ganze psychische Apparat, der wirkt: die Instanzen Ich, Es, Über-Ich, die beiden Triebarten Eros und Thanatos und davon abgeleitet Liebe und Hass, die Mechanismen als Verbindendes und Vermittelndes. Der Dualismus eines Kräftespiels wird bei Freud schon abgelöst durch die Analyse einer Konstruktion des Seelischen als Ganzem, in der die oben genannten verschiedenen Wirksamkeiten nur in einem zirkulären Aufeinanderbezogensein zu sehen sind. »Sexuelles« legt sich daher auch nur in der Rotation dieser Wirksamkeiten aus (Salber 1989).

Die Organisation der Sexualität in der Ich-Psychologie

Die Triebpsychologie arbeitete mit den Konzepten der polymorph-perversen Sexualität und der durch Kultivierungsansprüche erzwungenen Triebschicksale pointiert die prinzipielle Komplexität und Wandelbarkeit des Seelischen heraus, die vielschichtige Verwandlungsnatur des Seelischen und zwar immer als ein Kräftespiel zunächst zweier Wirksamkeiten (Ichtrieben und Sexualtrieben) und dann als ein Ineinander- und Gegeneinanderwirken mehrerer Wirksamkeiten. Daher ist die Triebpsychologie auch im Wesentlichen eine Konfliktpsychologie.

Deutlich wurde dabei schon, daß das Seelische allein nicht von den Sexualtrieben her zu verstehen ist. Eine entscheidende Wende in der Psychologie S. Freuds trat ein, als er sich dem Studium des Ich zuwandte, also der Seite im Seelischen, der die Aufgabe der Abwehr und Umgestaltung der Triebbedürfnisse zukam.

Das Ich ist ein Medium, in dem und durch das sich die anderen seelischen Gestaltungsrichtungen (Es und Über-Ich) zum Ausdruck bringen. Das Ich als Organisation wird so zum Dreh- und Angelpunkt seelischer Strukturierungsprozesse als auch der Rekonstruktion psychischer Phänomene. Anna Freud hat diesen Aspekt in ihrer Arbeit »Das Ich und die Abwehrmechanismen« in besonderer Weise herausgestellt (Freud, A. 1936). Insofern wird die Ich-Organisation zu einem Bild für das Ganze des Seelischen, aber ihre Wirkmächtigkeit ist abhängig davon, wie sie die Beziehungen zu den anderen Instanzen gestaltet. So schreibt Freud:

> »Das Ich bereichert sich bei allen Lebenserfahrungen von außen; das Es aber ist eine andere Außenwelt, die es sich zu unterwerfen strebt. Es entzieht dem Es Libido, bildet die Objektbesetzungen des Es zu Ichgestaltungen um. Mit Hilfe des Über-Ichs schöpft es in einer noch dunklen Weise aus den im Es angehäuften Erfahrungen der Vorzeit. (…) Aber andererseits sehen wir dasselbe Ich als armes Ding, welches unter dreierlei Dienstbarkeiten steht und demzufolge unter den Drohungen von dreierlei Gefahren leidet, von der Außenwelt her, von der Libido des Es und von der Strenge des Über-Ichs« (Freud 1923, S. 285f.).
>
> »Die Instanzen sind untrennbare Gegebenheiten: das Ich ist ein Teil des Es, es ragt weit in das Unbewußte hinein, es entsteht als eine Absonderung des Es« (ebd. S. 253).

In der Ich-Psychologie, wie sie von H. Hartmann entwickelt wurde, wird das Ich aus diesem untrennbaren Zusammenhang der Instanzen herausgelöst. Die Autonomie des Ichs wird zum entscheidenden Ziel der Entwicklung. Der Anfang ist nicht ein Es, sondern eine undifferenzierte Matrix, aus der sich Ich und Es als relativ selbständige Teile entwickeln. Mit diesem Anfang gelingt es Hartmann, ein Ich zu konstruieren, das aufgrund angeborener Ich-Apparate auch über eine eigene Energie verfügt (die Fähigkeit zur Neutralisierung), das also seine Energie nicht allein aus der Umwandlung von Objektlibido in Ichlibido bezieht.[2]

Dadurch verlagert sich jedoch der Fokus vom Konflikt zur Anpassung. Die Ich-Psychologie erforscht besonders die adaptiven Fähigkeiten des Ichs mit seinen »synthetischen«, »integrierenden« und »organisierenden« Funktionen. Für Hartmann hat das Ich vor allem die Funktion der Selbsterhaltung und Realitätsanpassung. Das Ich ist für ihn ein »besonderes Werkzeug der Anpassung« (Hartmann 1939), wobei er Anpassung als autoplastische und alloplastische »Relation« verstand, als »gegenseitiges Verhältnis zwischen dem Organismus und seiner Umgebung«. Die Ich-Psychologie hat durch verschiedene Konzepte – z.B. »Autonomie«, »konfliktfreie Sphäre«, »Gleichgewicht«, »Zusammenpassen« – das Schwergewicht vom Konflikt (und Paradox) auf die Probleme der »Selbstregulierung« verlagert (Drews/Brecht 1982). Es geht um das möglichst autonome Funktionieren des seelischen Apparates, der bestimmte Entwicklungsaufgaben meistern muß.

Die Sexualität wird in der Ich-Psychologie vor allem unter diesem Gesichtspunkt gesehen. Mit Anna Freud postuliert Hartmann die primäre Feindseligkeit des Ichs gegenüber dem Trieb. Die Sexualität ist eine unter

2 Daher ist für Hartmann »Narzißmus« auch nicht die libidinöse Besetzung des Ich, sondern libidinöse Besetzung des Selbst.

mehreren Entwicklungslinien und muß sich einbinden lassen in die übergeordnete ganzheitliche Struktur der Ich-Funktionen und Abwehrformationen. Die psychosexuelle Reifung ist eingebunden in den Kontext der Entwicklung reifer Objektbeziehungen (vom bedürfnisbefriedigenden Objekt zur Objektkonstanz), der Entwicklung reifer Abwehrmuster (ungebundene Angst vs. Signalangst) und der Identitätsentwicklung (Stufen der Identifikation). Die Aufgabe des Ichs ist das Management, die Synthese und Integration der verschiedenen Entwicklungslinien. Dem dient die Ich-spezifische Funktionslust, die die Entwicklung begleitet.[3]

Das Ich wird so verstanden als eine Einheit, die verschiedene Funktionen erfüllen muß, die sich bei einer »durchschnittlich zu erwartenden Umwelt« in typisch normaler Weise entwickeln. Für die Ich-Psychologie wird Entwicklung und Störung zum Ordnungsträger der Konzeptualisierung seelischer Phänomene. Entwicklung ist ein Prozeß, der notwendigerweise auch gestört werden kann. Bei jedem Entwicklungsschritt entsteht die Möglichkeit der Abweichung vom optimalen Weg. Die optimale Entwicklung wird dabei umschrieben durch zentrale Begriffe wie »Neutralisierung«, »Autonomie«, »Realitätsprüfung« und »Anpassung«.

Das Postulat der »konfliktfreien Sphäre« (Hartmann 1939) führt in der Konzeptualisierung der Sexualität zu einem Normmodell weitgehend ambivalenzfreier Sexualität, dem mannigfache »defizitäre» Formen der Sexualität gegenüber gestellt werden können. Aus dieser Perspektive gewinnt die Ich-Psychologie sehr differenzierte Instrumente zur Diagnostik des Bedingungsgefüges der Sexualität. Und sie macht die Frage nach der Richtung des seelischen Geschehens zum Zentrum ihrer Untersuchungen. Damit ergänzt sie die Perspektive der Triebpsychologie, die mit ihrem Fokus auf paradoxe Grundprobleme des Seelischen und die prinzipielle Verwandelbarkeit eher einen kulturpessimistischen Standpunkt einnahm. Die Ich-Psychologie rückt heraus, daß die Notwendigkeit zur Organisation zwar unlösbare Probleme bereitet und Leiden schafft, aber auch kreative Lösungen zuläßt. Es gibt neutrale Inseln, konfliktfreie Sphären, ein relatives Gleichgewicht und eine ungefähre Mitte zwischen den tendenziell unvereinbaren Gegenpolen des Lebens. Für die Ich-Psychologie zeigt sich dies in der reifen Sexualität.

Die reife Sexualität integriert die verschiedenen Ich-Funktionen jeweils auf hohem Niveau miteinander. Die aus ihr strömende Energie ist hinreichend

---

3 Ein anschauliches Beispiel, welche Entwicklungslinien berücksichtigt werden müssen, um zu einer Entwicklungsdiagnose hinsichtlich Stärke oder Schwäche des Ich zu gelangen, ist das Schema von Blanck & Blanck. (Blanck & Blanck 1993, S. 146f.)

»neutralisiert«, »autonom« gegenüber dem Es, dem Über-Ich und der Außenwelt, zugleich aber auch ausreichend »an die Realität angepaßt«, angemessen, maßvoll und ausgewogen. In Verbindung mit der gereiften Fähigkeit zur Objektliebe sowie der normalen Entfaltung der Geschlechtsidentität läßt sich die »genitale Persönlichkeit« mit Blanck & Blanck (1978) beschreiben als »zärtlich, liebevoll, rücksichtsvoll, freigebig und geduldig«, sie hat die Ebene der Objektkonstanz erreicht und hat verschiedene Fähigkeiten ausgebildet, um eine dauerhafte Beziehung aufrechtzuerhalten.

Das wirft ein völlig anderes Licht auf das Konzept von Sexualität als in der Triebpsychologie: Sexuelle Entwicklung ist in der Ich-Psychologie gleichsam linear, auf ein Ziel hin gerichtet, die »Dominanz der Genitalität«:

> »Ein Mensch, dessen höchstes Funktionsniveau genital ist, kann Essen, Trinken, Rauchen, Küssen, und prägenitales Vorspiel durchaus genießen; ebenso Dinge wie Besitz oder Freizeitbeschäftigungen wie Malen oder Gartenarbeiten, die einen Bezug zur analen Phase haben; er kann nicht minder Gefallen finden am Rivalisieren, daran, bewundert zu werden und gut auszusehen, was mit der phallischen Phase im Zusammenhang steht. All das kann er genießen, ohne etwas davon zur dominierenden und bevorzugten Form der Befriedigung wird und ohne daß irgendeine Form der sexuellen Perversion größere Bedeutung gewinnt als der heterosexuelle Verkehr« (ebd., S. 36).

Es gibt zwar auch in der Triebpsychologie einen Druck zur Vereinheitlichung, im Zentrum steht aber der prinzipiell unlösbare Konflikt, nicht die Probleme der Anpassung an eine Zielvorgabe.

Das Ich erlebt auch Lust, aber Funktionslust, wenn es Fähigkeiten und Kompetenzen erwirbt, die die unterschiedlichen Funktionen optimal regulieren und aufeinander abstimmen. Hartmann schreibt : »Was Lust ist und was nicht, entspricht – wenigstens in gewissem Maß – der Entwicklung des Ichs, und die Möglichkeiten des Lustgewinns, die die Entwicklung der Ich-Funktionen bietet, spielen eine überragende Rolle bei der Akzeptierung des Realitätsprinzips« (Hartmann 1972, S. 92). Sexuelle Energie muß daher mit Hilfe von Neutralisierungsprozessen in den Dienst des Ichs umgewandelt werden, um wirklichen Lustgewinn zu ermöglichen.

Sexuelle Energie wird in dieser Konzeptualisierung grundsätzlich als Reservoir für Neutralisierungsprozesse gesehen, konkrete Sexualität tendenziell als Regression verstanden, die möglichst im Dienste des Ichs stehen sollte. In diesem Zusammenhang hat die Sexualität einen Januskopf: Als archaische Sexualität ist sie destruktiv, formsprengend, amorph und regressiv. Gezähmt und domestiziert ist Sexualität aber auch verbindend, organisierend, haltgebend, ein Klebstoff zwischen den Menschen. In dieser Form, neutralisiert, ist sie eine wichtige Energiequelle für das Ich und seine Organisation des Alltags.

Sehr freizügige, offene, direkte, ungehemmte, ungebundene, gleichsam »nackte« Sexualität steht in der Ich-Psychologie generell unter dem Verdacht der »Sexualisierung«. Dieses Abwehr-Konzept ist eine genuine Entwicklung der Ich-Psychologie. In der Triebpsychologie wäre Sexualisierung keine Abwehr, sondern unverstellte Äußerung eines Triebabkömmlings. Nur vom Standpunkt einer Ich-Psychologie, die alle seelischen Phänomene aus dem Blickwinkel der optimalen Organisation und Steuerung betrachtet, kann man annehmen, daß auch die Sexualität benutzt werden kann, um zu steuern und zu regulieren, z.B. eine innere Angst zu überspielen oder notdürftig zu bewältigen.

Der Ich-Psychologie haben wir daher die Einsicht zu verdanken, daß die Sexualität grundsätzlich Abgewehrtes und Abwehrendes zugleich sein kann. Mit ihr können Defizite in anderen Bereichen der Persönlichkeit kaschiert und kompensiert werden. Die Ich-Psychologie hat damit auf einen wesentlichen allgemeinen Zug der Sexualität aufmerksam gemacht: sie ist ein universeller Kitt für alle möglichen Risse und Brüche in der Entwicklung. Reif, neutralisiert, gebändigt und eingebettet in Objektliebe ist sie ein unverzichtbares Bindemittel. Aber sie wird destruktiv, unangemessen, eine Quelle der Störung und muß abgewehrt werden, wenn ihre prinzipiell zerstörerische Energie nicht neutralisiert werden kann. Die Sexualität gewinnt aus dieser Perspektive ein Maß. Ihre Angemessenheit wird nicht von außen aufgezwungen, sondern entwickelt sich aus der Eingebundenheit in eine Gesamtstruktur, die auch die Anpassungsnotwendigkeiten an die Realität und den sozialen Kontext umfaßt.

Die »Zwischenwelt« der Sexualität in der Objektbeziehungstheorie

Die Umbildung der Libidotheorie in Richtung Ich-Psychologie begann mit einer Analyse des Ichs, die Umbildung der Ich-Psychologie in Richtung einer Objektbeziehungstheorie mit einer Analyse des Triebobjekts. Damit kam es zu einer genauen Untersuchung der Situation, die als Mutter-Kind-Dyade beschrieben wird. Die Beschreibung von Trieb- und Ich-Entwicklung wurde ergänzt durch eine Beschreibung dessen, was in der Interaktion zwischen Mutter und Säugling geschieht. So drehte sich die Richtung der Forschung: statt Analyse der unterschiedlichsten Triebziele oder der Ich-Funktionen wurde nun herausgestellt, daß eine Triebbefriedigung ja nur möglich ist, wenn es auch ein triebbefriedigendes Objekt gibt. Und es hängt dann vor allem von der Qualität dieser Objektbeziehung ab, welches Schicksal die Triebe nehmen und wie sich das Ich entwickelt.

Sexualität und im gleichen Maße die Aggression werden hier daher zu den entscheidenden sinnlichen Ausdrücken einer affektiven Beziehung zwischen Selbst und Objekt. Vorbild dieser affektiv besetzten Beziehung wird die Mutter-Kind-Dyade.

In der Objektbeziehungstheorie ist das Seelische stets gefaßt als ein Selbst, das sich affektiv zu einem Objekt verhält – in Liebe und/oder Hass, stets ambivalent. Die Ambivalenz von Liebe und Sexualität einserseits sowie Haß und Aggression andererseits wird zum Ordnungsträger der Entwicklung. Sexualität und Aggression kennzeichnen primär ein Beziehungsgeschehen, sie sind keine endogenen Letztheiten.

Für die Psychologie der Objektbeziehungen ist das Seelische stets auf der Suche nach einem Objekt – im Extremfall unabhängig davon, ob es befriedigend, frustrierend oder sogar schädigend ist. Freud hatte in seiner Trieb-Theorie noch behauptet, die Libido determiniere die Objektbeziehung. Fairbairn dreht das Verhältnis radikal um: Die Objektbeziehung determiniere die Libido. Primär seien die emotionalen Bindungsbedürfnisse, nicht die körperlich-sexuellen Bedürfnisse. Explizites Luststreben sei bereits ein Symptom, schlichte Spannungserleichterung deute immer schon auf das Scheitern einer Objektbeziehung hin. Sexuelle Perversionen seien Versuche, natürliche emotionale Beziehungen, die zusammengebrochen seien, zu retten (Fairbairn 2000).[4]

Die primäre Frage ist nun, wie die emotionalen Bedürfnisse, die nicht mehr eingeschränkt sind auf die körperlich-sexuellen Bedürfnisse, von den bedürfnisbefriedigenden Objekten beantwortet werden.

Sexualität ist damit ein Moment einer komplexen Objektbeziehung, deren Urbild die Verschmelzung, die Symbiose ist. Typisch für die Erklärungsfiguren der Objektbeziehungstheorien ist die Herleitung der Bewegungsmotive des Seelischen aus dem Wiederholungszwang. Motivierend für das Seelische sind nicht Triebe, die auf Lust oder Unlustvermeidung zielen, oder Organisationsnotwendigkeiten eines seelischen Apparates, der sich entwickeln und anpassen muß, – motivierend sind vielmehr bestimmte alte, einverleibte Beziehungsmuster (»innere Objekte«), die sich reinszenieren wollen. Affek-

4 Hier wird von Fairbairn allerdings Freuds Begriff von Sexualität, der im Grunde alle emotionalen Bedürfnisse umfaßt, wieder auf einen engen Begriff von Sexualität reduziert. Ein Vorgang, der sehr häufig anzutreffen ist, wenn Freuds Libidotheorie kritisiert wird.

tive Zustände, die Subjekt und Objekt umgreifen, wollen sich erhalten oder erneut reproduzieren.[5]

Die Formen der Sexualität entwickeln sich aus dieser affektiv undifferenzierten Subjekt-Objekt-Matrix langsam und schrittweise über verschiedene Differenzierungsschritte heraus. Eine der affektiven Beziehungen zwischen Mutter und Säugling ist die sexuelle Erregung, eine »diffuse Aktivation des sexuellen Affekts« (Kernberg 1997, S. 108). In dieser ist, so Kernberg, zwar ein Objekt präsent, »doch es ist noch nicht das voll kristallisierte Objekt des spezifischen unbewußten Wunschs, der das erotische Verlangen charakterisiert« (ebd.). Daher unterscheidet Kernberg auch zwischen »sexueller Erregung«, »erotischem Begehren« und »Liebe«. Im »erotischem Begehren« erhält der Affekt eine konkrete Richtung auf ein bestimmtes Objekt und in der »Liebe« findet eine »Integration des erotischen Begehrens mit den komplexen Affekten innerhalb einer zärtlichen und liebevollen Beziehung« statt (ebd.). Ausgehend von einer »affektiv aufgeladenen« symbiotischen Mutter-Kind-Beziehung, die den von Freud für die Libidoentwicklung herausgestellten erogenen Zonen erst ihre »Energie verleihen« (ebd., S. 103), ist die sexuelle Erregung schon ein differenzierter Affekt, dessen Ursprung sich »auf der Integration multizonaler erogener Erregung« gründet. (ebd., S. 109) Die sexuelle Erregung ist gleichsam die »Gestaltqualität«[6] lustvoller »Spitzenaffekterfahrungen« in Verbindung mit der Mutter. Nach Kernberg finden wir daher niemals eine »sexuelle Erregung ohne die Implikation einer bewußten oder unbewußten Objektwahl« (ebd., S. 109). »Erotisches Begehren« und »Liebe« entstehen sowohl aus Differenzierungen als auch aus der Integration der Momente dieses komplexen Affektzustandes. Daher läßt es sich auch in seinen Gliedzügen differenziert beschreiben.

Für Kernberg ist erotisches Begehren von Anfang an ein Beziehungserleben, eine Beziehungslust. Das Vorbild dieser Beziehungslust ist die ganzheitliche,

---

5 Es ist im Rahmen dieser Arbeit nicht möglich, auf die Affekt-Theorie Kernbergs in besonderem Maße einzugehen. Wir greifen daher hier nur den Aspekt heraus, daß nicht nur jede Objektbeziehung eine affektive Struktur aufweist, sondern daß jede Objektbeziehung eben auch Affekte in einer besonderen Weise aktiviert und strukturiert (Kernberg 1997, S. 102)

6 Der Begriff der »Gestaltqualität« geht auf eine Arbeit von Chr. v. Ehrenfels mit dem Titel »Über Gestaltqualitäten« zurück, die er 1890 veröffentlichte. Ausgehend von Machs »Analyse der Empfindungen« stellte er heraus, daß unser Erleben sich nicht in einzelne Empfindungselemente aufteilen lasse, sondern daß sich unser Erleben immer in komplexen Gestalten gliedert, die immer »mehr« (Kriterium der Übersummativität) und »anders« (Kriterium der Transponierbarkeit von Gestalten) sind als die Summe ihrer Teile. Der Philosoph H. Cornelius hat dann diesen Begriff für die Darstellung von Gefühlen verwendet: Gefühle sind demnach die Gestaltqualitäten von Erlebniseinheiten (Cornelius 1897).

diffuse, personenübergreifende Verschmelzung zwischen Mutter und Kind. Dieses Verlangen nach Nähe, aus der Mutter-Kind-Dyade hergeleitet, ist für die Objektbeziehungstheorie wesentlich ein Streben nach Einswerden von Verschiedenem, das sowohl aktiv wie passiv, entweder eindringend oder umschließend erreicht werden kann. Aus dieser Perspektive wird deutlich, daß das Erregende der Sexualität mit Grenzerfahrung und Grenzüberschreitung zu tun hat. Sexualität ist ohne Aggression nicht denkbar. Sie ist im Grunde immer Überschreitung einer Grenze: Einerseits wird in der Sexualität die Grenze des Anderen überschritten, andererseits aber auch die Grenze des eigenen Selbst preisgegeben. In der Stunde der Wahrheit sind Adam und Eva nackt.

Der Reiz der Sexualität besteht darin, die Unterschiedenheit wahrzunehmen und zugleich im sexuellen Rausch zu überwinden. Aus der Sicht der Objektbeziehungspsychologie wird deutlich, daß die Sexualität zwischen Mann und Frau eine zugleich schwierige, aber auch paradoxe Konstruktion darstellt: Mann und Frau passen zusammen, weil sie nicht zusammenpassen. Sie sind voneinander grundsätzlich geschieden und trotzdem oder gerade deshalb gelingt es ihnen in der sexuellen Ekstase, die Geschlechtertrennung zu überwinden. Kernberg beschreibt eine »Befriedigung aus der Identifizierung mit der Lust des Anderen«. Über eine gegenseitige Identifikation (der Mann identifiziert sich mit der Lust der Frau, die Frau umgekehrt mit der Lust des Mannes) kann eine Verdichtung aus zwei Verschmelzungserlebnissen erreicht werden.

Es geht stets um Verhältnisse, Grenzerfahrungen, Übergangsphänomene zwischen Verschiedenem. Die Geschlechtertrennung ist das körperlich-sinnliche Symbol dafür. Im Grunde wäre es genauer, vom Weiblichen und Männlichen zu sprechen, das in jedem Menschen vertreten ist. Nichts im Seelischen ist absolut, stets gibt es das Andere, das Fremde (im Anderen und in uns). Einerseits gibt es den Drang, den Unterschied zu überwinden und in eine ununterscheidbare Verschmelzung einzutauchen, andererseits gibt es immer wieder die Lust, sich zu trennen und sich als etwas Eigenes und anders zu erleben.

Die Sexualität versinnbildlicht den Grenz- und Übergangscharakter des Seelischen. Man könnte zusammenfassend sagen: Erotisches Begehren ist wesentlich ein »Übergangsphänomen« (Winnicott 1979). Wie beim Übergangsobjekt geht es auch in der Sexualität um Verschmelzung und Getrenntheit, Einheit und Verschiedenheit, um die Grenzerfahrung zwischen Ich und dem Anderem. Die Sexualität eröffnet dem Seelischen offenbar einen Spielraum, einen Möglichkeitsraum für lustvolle Formen der Vereinheitlichung und

Differenzierung, an der Grenze zwischen Subjekt und Objekt. Die Objektbeziehungspsychologie konzeptualisiert die Sexualität als Übergangsphänomen, nicht ganz zum Subjekt gehörend, nicht ganz nur Objekt, als sinnliche Grenzerfahrung zwischen den Welten (Selbst-Objekt, Innen-Außen, Mann-Frau, Oben-Unten, Lust-Schmerz, Wiederholung-Neubeginn). Sie ist damit eine wesentliche Ergänzung zur Trieb- und Ich-Psychologie, in dem sie systematisch die Zwischenwelt des Seelischen konzeptualisiert.

Die Ganzheit der Sexualität in der Selbstpsychologie

Wie wir schon bei der Diskussion der Ich-Psychologie gesehen haben, hat die Neuordnung des Verhältnisses von Ich und Es durch Hartmann zu einer neuen Definition von »Narzißmus« geführt. Er konnte nun nicht mehr als libidinöse Besetzung des Ichs bezeichnet werden: Stattdessen rückte nunmehr der Begriff des Selbst in den Mittelpunkt analytischer Betrachtung. Hartmann stellte nämlich heraus, daß das Gegenteil von Objektbesetzung nicht die Ich-Besetzung sein könne, sondern nur eine Besetzung der eigenen Person, also Selbstbesetzung (Hartmann 1972, S. 132). Diese Formulierung griff Kohut auf, aber er erweiterte diesen Begriff insofern, als das Selbst für ihn mehr umfaßt als die eigene Person. Es kennzeichnet vielmehr eine übergreifende Struktur des psychischen Apparates. »Als Selbst wird jene Organisation bezeichnet, die den Prozeß des Erlebens, das heißt innerer und äußerer Wahrnehmungen, bewusster und unbewußter innerer Vorgänge und Motivationen integriert und in einer zeitlichen Kontinuität zusammenhält« (Köhler 2007, S. 33). Das Selbst bei Kohut ist »mehr« und »anders« als die Summe von Erfahrungen, von denen wir sagen: »Das bin ich«. Das Selbst ist eine strukturierte Organisation von Erfahrungen, die der Person einen Sinn von sich und damit ein Gefühl der Kohärenz verleihen. Paradoxerweise erfahren wir unser Selbst nicht in den Selbstverständlichkeiten des alltäglichen Geschehens, (»Lautlosigkeit des Narzißmus bei seelischem Gleichgewicht«, Kohut 1975, S. 141) sondern besonders in Momenten von Störungen, also wenn »es uns zerreißt, wenn wir »kopflos« oder »leer« sind, oder in Momenten besonderen Herausgehobenseins, also wenn wir »gefaßt« oder »gut beieinander« sind, oder in den Momenten eines »glücklichen Augenblicks« (Blothner 1993).

Kohut grenzt seine Psychologie von Freud ab, indem er sich auf Proust bezieht: »Freuds Absicht war es, die Vergangenheit ins Gedächtnis zurückzurufen, um in der Gegenwart die Konflikte einer Lösung zuzuführen, die in der Kindheit nicht gelöst werden konnten. Prousts Ansatz steht der Selbstpsychologie näher: er versucht die Vergangenheit wiederzufinden, um das Gefühl wiederherzustellen, dem Selbst komme zumindest zeitliche Kontinuität und Einheit zu« (Kohut 1982, S. 187).

Der Fokus der Betrachtung in der Selbstpsychologie rückt die konkrete Beschreibung realer Erfahrungen in den Mittelpunkt und nicht ihre Zurückführung auf besondere Triebe als Motivatoren dieses Geschehens, wie z.B. einem Sexualtrieb. Das seelische Geschehen kommt durch das Selbsterleben in Bewegung und zwar in Auseinandersetzung mit den Selbstobjekten. Dabei geht es immer um das Erleben von Ganzheit, von Kontinuität und Kohärenz der eigenen Person. Dies sind die »libidinösen« Qualitäten der Selbst-Erfahrungen. Das Libidinöse hat dabei jedoch nichts mehr mit einem polymorph-perversen Triebgeschehen zu tun, sondern mit der Erfahrung von empathisch spiegelnden und zur Idealisierung fähiger Selbstobjekte. Spiegelung und Idealisierung sind die libidinösen Grundmuster, die das Selbst in seiner Entwicklung braucht, um sich kohärent zu fühlen. Daraus entwickeln sich wiederum die libidinösen Grundmuster des Selbst, wie z.B. das »Größenselbst« und die »idealisierte Elternimago«, die es ihm ermöglichen, mit den unvermeidlichen Störungen und unlustvollen Spannungen umzugehen. Bewundern und Bewundert-Werden und ihre Schicksale sind die libidinösen Muster der Selbstpsychologie. Ehrgeiz oder Idealismus sind dann Metamorphosen dieser libidinösen Muster.[7] Kohut nennt noch andere Formen, die aus den Unwandlungen dieser Grundmuster hervorgehen, z.B. die schöpferische Arbeit als Umwandlung idealisierender Libido, der Humor als Umwandlung narzißtischer Libido und die Weisheit als Aufgabe narzißtischer Illusionen. Hintergrund des Ganzen ist dabei die Idee, daß jede aufkommende unlustvolle Spannung eine Bedrohung der Kohärenz, d.h. der libidinösen Besetzung des Selbst ist.

»Sexualität« als diffuse körperliche Erregung erscheint in der Selbstpsychologie an der Oberfläche immer zunächst als eine solche unlustvolle Spannung, die das narzißtische Gleichgewicht stört. Sie erscheint im Bild einer diffusen, den ganzen Körper mehr oder weniger umfassenden Erregung, deren weiterer Verlauf und vor allem Formung von der Stabilität des Selbst abhängt. Die

7 Die Verwendung des Begriffs »libidinös« hat hier also in keiner Weise die Konnotation mit Sexuellem, vielmehr muß man auch hier an den Begriff der »Gestaltqualität« denken, der herausstellt, daß umfassende Erlebenseinheiten als ein »in sich gegliederter, abgehobener Prozeß von besonderer Eigenart«, nämlich als eine komplexe Gestalt unmittelbar wahrgenommen werden. (Fitzek & Salber 1996, S. 17). Die besondere Eigenart von Erlebensprozessen werden in der Selbstpsychologie eben in diesen Kategorien »Spiegelung«, »Idealisierung« oder »alter ego« beschrieben.

Qualität der Struktur des Selbst ist jedoch immer verbunden mit den Schicksalen der libidinösen Muster von Bewundern (idealisierten Elternimago) und Bewundert-Werden (Größenselbst) im Kontext der aktuell wirksamen Selbst-Selbstobjektbeziehung. Ob eine aufkommende sexuelle Erregung zu lustvoller Freude, innerem Wachstum und Bereicherung des Selbsterlebens führt oder gehemmt werden muß, um das Selbst vor weiterer Fragmentierung zu schützen, hängt dann von der mehr oder weniger stabilen kohäsiven Struktur des Selbst ab. »Sexuelle Erregung« kann aber auch eingesetzt werden, um ein durch Fragmentierung bedrohtes Selbst zu stabilisieren. Die Selbstpsychologie spricht dann von »Sexualisierung« als Bewältigungsmuster, mit deren Hilfe das Selbst auf sexuelle Erregungsmuster aus der Vergangenheit zurückgreift im Dienste der Aufrechterhaltung der Kohäsion. In unserer heutigen Kultur kann man vermehrt eine Diskrepanz feststellen zwischen sexueller Liberalisierung und subjektiver Unzufriedenheit. Hinter dem scheinbar frei gesetzten, unverdrängten Triebleben zeigen sich nun auf einmal ungesättigte Selbstbestätigungswünsche. In den offen gelebten Perversionen nutzt das Seelische die Fähigkeit der Sexualität, sich einerseits aus dem ganzen Zusammenhang isolieren und doch gleichzeitig ein Ganzheitserleben vortäuschen zu können. Der Begriff von »Sexualität« wird hier also nicht als Befriedigung von Lust gefaßt, sondern erfährt eine grundlegende Umwandlung: lustvoll ist nicht das Erreichen eines Triebzieles, sondern die Sicherung eines narzißtischen Zustandes, indem sich das Selbst als ganz erlebt. »Sexualität« verliert so scheinbar ihren besonderen Stellenwert bei der Erfassung und Erklärung seelischer Prozesse. Wenn man jedoch das »Narzißtische« an der Sexualität, ihre spiegelnde und idealisierende Funktion sowie ihren »Zwillingscharakter« als die zentralen libidinösen Qualitäten herausstellt, durch die sie gerade auch in unserer gegenwärtigen Kultur ihre unbeschreibliche Anziehungskraft gewinnt, dann behält sie auch in der Selbstpsychologie den Stellenwert, der ihr in den psychoanalytischen Theorien insgesamt zukommt. Die Sexualität gewinnt in dem Bedingungsgefüge der Selbstpsychologie insofern eine besondere Bedeutung, als sie in herausragender Weise zu »grandiosen« Erlebnissen führen kann, in denen sich Menschen als in ausgezeichneter Weise als ganz und mit sich identisch, zugleich aber auch »getrieben« und aus einem kohärenten Zusammenhang gerissen fühlen können.

Kohuts »Triumph« und »warme Freude« sind wichtige Formverwandlungen narzißtischer und idealisierender Libido, in denen der Mensch die Verwirklichung seines Selbst verspürt (1975, S. 272), aber in den sexuellen Erscheinungsformen zeigt sich das Narzißtische sowohl in seiner »heilenden« wie auch in seiner zerstörerischen Seite ganz unverstellt.

Zusammenfassung

Greens Beobachtung, daß das theoretische und praktische Interesse an »Sexualität« innerhalb der psychoanalytischen Theoriebildung in den letzten Jahrzehnten abgenommen habe, läßt sich durch unsere Untersuchung nicht bestätigen (Green 1998, S. 1170ff.). Vielmehr zeigte sich, daß »Sexualität« keine feste, klar umrissene seelische Einheit ist, die wir gleichsam wie ein chemisches Element in einem analytischen Prozeß isolieren könnten. Ihr »Sein« ist vielmehr erst als ein geschichtlich zu Entwickelndes zu fassen. An »Sexualität« kommen wir nur heran, indem wir sie als ein Muster für Komplexentwicklungen begreifen, diese aber zugleich auch auf ein wissenschaftliches System (Gegenstandsbildung) beziehen (Salber 1999, S. 94). Eben als ein solches Muster von Komplexentwicklungen hat »Sexualität« etwas mit Psychoanalyse zu tun (Green 1998, S. 1170ff.). Unser Austausch von »Sexualität« mit verschiedenen Gegenstandsbildungen zeigte auf, wie sich dieser »Seelenkomplex« in der wissenschaftlichen Entwicklung der Psychoanalyse am Leben erhält, wodurch und wie er bewegt wird, welche Konstruktionsprobleme daraus entstehen und wie er den Sinn und das Sich-Verstehen seelischer Prozesse organisiert (Salber 2006, S. 235f.).

»Sexualität« als seelischer Wirkungsraum, ihre Wendungen, die sie in den jeweiligen Gegenstandsbildungen erfährt, gibt der Psychoanalyse nach wie vor eine einheitliche Verfassung. Sie ist gleichsam der »rote Faden«, der sich eben in verschieden Formen und Auslegungen durch die psychologischen Versionen der Psychoanalyse hindurch zieht. Welche Form und Stellung sie dabei gewinnt, hängt davon ab, ob sie als eine der zentralen motivierenden Kräfte im Seelischen gesehen wird oder als »Gestaltqualität« eines affektiven Zustandes.

Mit Hilfe der Methode des Austauschs von »Sexualität« mit den jeweiligen »psychischen Gegenständen« der vier Psychologien konnten wir folgende Verhältnisse herausstellen:

- ➢ In der Triebpsychologie ist die Sexualität das sinnliche Bild für die prinzipielle Wandelbarkeit des Seelischen, für seine Überdeterminiertheit, für das tragische Schicksal unerfüllbarer Wünsche und für den endlosen Konflikt zwischen unbestimmter Erregung und Notwendigkeit der Bestimmung. In der Sexualität fassen sich der unüberbrückbare Gegensatz von Trieb und Kultur und die konstitutionelle Widersprüchlichkeit des Begehrens.
- ➢ Dagegen rückt die Ich-Psychologie vor allem das Moment der Entwicklung und Reifung heraus, das Anlaß und Grundlage für mannigfache Störungen, Verzögerungen und Abweichungen sein kann. Hier erscheint Sexualität als Abgewehrtes und Abwehrendes zugleich: Sie kann Regression sein, die

die Anpassung und Autonomieentwicklung hemmt, oder Regression im Dienste des Ichs. Von der Ich-Psychologie wird deutlich, daß menschliche Sexualität immer etwas mit Maß und Angemessenheit zu tun hat.

- Die Objektbeziehungstheorie konzeptualisiert die Sexualität konsequent als Beziehungsgeschehen, sie ist das sinnliche Muster für die affektive Bezogenheit des Selbst auf ein Objekt. Insofern ist Sexualität immer Grenzerfahrung und Grenzüberschreitung zugleich. Aus der Perspektive der Objektbeziehungstheorie ist Sexualität ein universales Übergangsphänomen und bezieht seinen Reiz besonders aus dieser sinnlich erfahrbaren Zwischenwelt.
- Die Selbstpsychologie schließlich thematisiert an der Sexualität das Problem der Ganzheit. Sexualität ist angesiedelt zwischen ganz und unganz, zwischen Kohärenz und Fragmentierung, sie kann das Moment der Einheit mit dem Selbstobjekt beschreiben, aber auch ein Anhaltspunkt für drohende Fragmentierung sein (Perversionen). Idealisierungs- und Spiegelungsprozesse sind dabei die libidinösen Qualitäten, in denen das Selbst zu sich selbst kommt.

Daher schließen sich die vier Perspektiven auch nicht gegenseitig aus, sie stehen vielmehr in einem spannungsreichen Ergänzungsverhältnis. In allen Versionen zeigt sich die Sexualität als zugleich »Form-gebend« und »Formsprengend«. Gemäß der jeweiligen Gegenstandsbildung wird dabei auch eine jeweils spezifische »sexuelle« Dramatik herausgestellt, die das seelische Geschehen durchformt. Die Facetten der Sexualität, die von den vier Psychologien herausgearbeitet werden, lassen sich am ehesten als ein kubistisches Bild von Sexualität fassen. Der »common ground« der Psychoanalyse war noch nie ein einheitlicher Theoriekörper und wird es auch nie sein. Daher ist er vielleicht auch nur mehr »kubistisch« zu fassen. Das bedeutet aber, dass die verschiedenen Theorien der Psychoanalyse nicht als ein pluralistisches Nebeneinander zu sehen sind, sondern daß auch aufzuzeigen ist, wie sich die »Gestalt« der Psychoanalyse in den von Freud aufgestellten Kennzeichen (Unbewußtes, Sexualität, Verdrängung/Widerstand, Ödipuskomplex) erhalten und zugleich abgewandelt hat. Am Kennzeichen »Sexualität« haben wir das gleichsam zu deklinieren versucht.

Bibliographie

Blanck, Rubin & Blanck, Gertrud (1978): Ehe und seelische Entwicklung. Stuttgart: Klett-Cotta.
Blanck, Rubin & Blanck, Gertrud (1993): Angewandte Ich-Psychologie. Stuttgart: Klett-Cotta.

Blothner, Dirk (1993): Der glückliche Augenblick. Bonn: Bouvier.

Drews, S. & Brecht, K. (1982): Psychoanalytische Ich-Psychologie. Grundlagen und Entwicklung. Frankfurt/M.: Suhrkamp.

Cornelius, Hans (1897): Psychologie als Erfahrungswissenschaft. Leipzig: Teubner.

Fairbairn, W.R.D. (2000): Das Selbst und die inneren Objektbeziehungen. Gießen: Psychosozial-Verlag.

Fitzek, Herbert & Salber, Wilhelm (1996): Gestaltpsychologie. Geschichte und Praxis. Darmstadt: Wissenschaftliche Buchgesellschaft.

Freud, Anna (1936): Das Ich und die Abwehrmechanismen. Frankfurt/M.: Fischer.

Freud, Sigmund (1921): Massenpsychologie und Ich-Analyse. In: Gesammelte Werke Bd. XIII, S. 71–161.

Freud, Sigmund (1923): »Psychoanalyse« und »Libidotheorie«. In: Gesammelte Werke Bd. XIII, S. 211–233.

Freud, Sigmund (1925): »Selbstdarstellung«, in: Gesammelte Werke Bd. XIV, Frankfurt/M.: Fischer.

Green, André (1998): »Hat Sexualität etwas mit Psychoanalyse zu tun?« In: Psyche – Z Psychoanal 52, 1170–1191.

Hartmann, Heinz (1972). Ich-Psychologie. Studien zur psychoanalytischen Theorie. Stuttgart: Klett.

Hartmann, Hans-Peter; Milch, W.; Kutter, P.; Paál, J. (2007). Das Selbst im Lebenszyklus. Gießen: Psychosozial-Verlag.

Kernberg, Otto (1997). Sexuelle Erregung und Wut: Bausteine der Triebe. Teil 1 und 2. In: Forum Psychoanl. (1997) 13: 97–118. Berlin: Springer.

Köhler, Lotte (2007): Das Selbst im Säuglings- und Kleinkindalter. In: Hartmann, Milch, Kutter, Paál (Hg.): Das Selbst im Lebenszyklus. Gießen: Psychosozial-Verlag.

Kohut, Heinz (1975): »Formen und Umformungen des Narzissmus«. In: ders.: Die Zukunft der Psychoanalyse. 140–172. Frankfurt/M.: Suhrkamp.

Kohut, Heinz (1975): »Bemerkungen zur Bildung des Selbst«. In: ders.: Die Zukunft der Psychoanalyse. 252–285. Frankfurt/M.: Suhrkamp.

Kohut, Heinz (1982): »Vier Grundbegriffe der Selbstpsychologie«. In: Psychoanalyse 3 (1982), Bd. 2/3, 181–205.

Pine, Frederick (1990): Die vier Psychologien der Psychoanalyse und ihre Bedeutung für die Praxis. In: Forum Psychoanal 6, 232–249, Berlin: Springer.

Salber, Wilhelm (1959): Der psychische Gegenstand. Bonn: Bouvier.

Salber, Wilhelm (1986): Die Entwicklungen der Psychologie Sigmund Freuds, Bd. II. Bonn: Bouvier.

Salber, Wilhelm (1989): Die Entwicklungen der Psychologie Sigmund Freuds, Bd. III. Bonn: Bouvier.

Salber, Wilhelm (1999): Kunst – Psychologie – Behandlung. Köln: Walther König.

Salber, Wilhelm; Conrad, Marc (2006): Goethe zum Film. Morphologische Markt- und Medienpsychologie. Bonn: Bouvier.

Wallerstein, Robert (1992): One Psychoanalysis or many? In: ders. (Hg.): The Common Ground of Psychoanalysis. New Jersey: Aronson.

Winnicott, Donald W. (1979): »Übergangsobjekte und Übergangsphänomene«. In: ders.: Vom Spiel zur Kreativität. 10–36, Stuttgart: Klett-Cotta.

2007 · 374 Seiten · broschiert
ISBN 978-3-89806-594-8

Der Band versammelt einige aktuelle Positionen zur Erkundung der besonderen psychischen Prozesse, die bei der Produktion und Rezeption von Kunst ablaufen. In den Beiträgen wird die spannende Tendenz der zunehmenden Hinwendung der Kunstpsychoanalyse auf den Beziehungscharakter im ästhetischen Erfahrungsprozess sichtbar.

2005 · 175 Seiten · Broschur
ISBN 978-3-89806-476-7

Das Buch schlägt eine Brücke zwischen Psychoanalyse und Musik, und legt, mit Bezügen zu Lacan, eine umfassende Musiktheorie vor. Leikert zeigt, ausgehend von neu gewählten mythologischen Themen und aus linguistischen sowie genetischen Perspektiven, die Möglichkeit der detaillierten Offenlegung bewusster Sinnstrukturen musikalischer Werke.

Sebastian Leikert

Stimme und kinetische Semantik in der Musik und in der psychoanalytischen Arbeit

Zusammenfassung: In den letzten Jahren sucht die Psychoanalyse, Konzepte für einen Modus des psychischen Funktionierens zu formulieren, der nicht durch Vorstellung und Sprache, sondern durch die innere Organisation der Wahrnehmung strukturiert ist. Leikert greift mit seinem Begriff der *kinetischen Semantik* Gedanken über die autistisch-berührende Position (Ogden) das Empfindungsobjekt (Tustin) und den Gegenwartsmoment (Stern) auf und trägt die *Stimme* und ihre Beziehung zur Körperlichkeit in diese Landkarte des frühen Erlebens ein. Mit dem Konzept der kinetischen Semantik läßt sich nun die Wirkungsweise der *Musik* rekonstruieren. Durch Verregelmäßigung und Ritualisierung von Wahrnehmungsgestalten bahnt die Musik einen Weg zurück in das hoch ambivalente frühe Erleben. Ebenso dient das Konzept der kinetischen Semantik aber auch dazu, eine frühe Schicht des Kontakts in der klinischen Situation, insbesondere in der Behandlung von traumatisierten Patienten, zu erkennen und methodisch mit dieser Ebene umzugehen. Dies wird durch eine Kasuistik illustriert.

Stichworte: Kinetische Semantik, Stimme, Körper, Musik, Übertragung

Einleitung

Die Musik fordert der Psychoanalyse eine Erweiterung ihrer Begrifflichkeit ab. Musik umkreist die Stimme als Objekt, hüllt sie jedoch nicht in ein sprachliches Gewand, wie dies die Poesie tut, sondern umfließt sie mit ziselierten Bächen des Klangs. Wir werden diesem Fließen nicht gerecht, wenn wir den Versuch unternehmen, diesen Wein in die alten Schläuche bereits vorhandener psychoanalytische Konzepte zu füllen.

Mit dem Konzept der *kinetischen Semantik* suche ich einen Modus der Aufnahme, Speicherung und Verarbeitung von Erfahrung zu beschreiben, der jenseits von Sprache und Vorstellung funktioniert. Er erwächst aus der gestalthaften Integration von Binnen- und Außenwahrnehmung und bedient sich archaischer, aber der Sublimation zugänglicher Mechanismen der Verarbeitung (Leikert 2007, 2008). Meine Überlegungen stützen sich vor allem auf die Arbeiten von Ogden (1995, 2004), Tustin (1989, 2005), Stern (1985, 2005) und Bollas (1987), versuchen aber zusätzliche Aspekte mit einzubeziehen: vor allem ist der Befund überraschend, daß die Stimme und ihre besondere Beziehung zur Körperlichkeit bisher kaum Aufmerksamkeit gefunden haben. Daneben spielen die Verwurzelung der stimm-körperlichen Beziehung in der vorgeburtlichen Zeit und die fusionelle Erlebensweise, die noch nicht von der Subjekt-Objekt Trennung strukturiert ist, eine wesentliche Rolle.

Der zweite Abschnitt wird sich der Musik widmen. Ich verstehe die Musik als ein fließendes Denkmal, das der Mensch seinem frühesten Objekt setzt (Leikert 2005). Die Musik ist eine Apotheose der Stimme. Ich beschäftige mich zunächst mit der Frage, wie die Musik aus der rohen Stimme des Sprechens das webt, was wir als die Musik bewundern, um mich dann vor allem mit Prozessen der Ritualisierung beschäftigen. Die Ritualisierung entängstigt das Subjekt und erlaubt ihm damit einen erneuten Eintritt in die archaische Erlebenswelt der kinetischen Semantik.

Der dritte Abschnitt bezieht sich auf die Frage, welche Rolle der kinetischen Semantik in der klinischen Situation zukommt. Meiner These nach ist diese Rolle zentral. Ich glaube, die kinetische Semantik ist die Voraussetzung für eine Veränderung. Erst dann, wenn sich ein kinetisches Band zwischen Analytiker und Analysand hergestellt hat, kann das Sprechen eine verändernde Wirkung entfalten. Ich werde Elemente des Settings, vor allem die Couch-Situation und die freie Assoziation, als Regeln deuten, die es erlauben, dem Sprechen eine Resonanz zu geben, die in die kinetische Semantik hineinführt. Vor allem aber möchte ich eine klinische Vignette vorstellen und erläutern, was ich in der klinischen Arbeit unter einem kinetischen Engramm und dessen Transformation verstehe.

Die kinetische Semantik

Das psychoanalytische Denken geht an die Wurzel zurück. Freuds Entdeckung der kindlichen Sexualität hinter der erwachsenen markiert diesen Aufbruch (Freud 1905). Dabei spielt die Sinnlichkeit stets eine charakteristische Rolle: Sie bildet als Wahrnehmung (Außenwahrnehmung) oder als Triebreiz (Binnenwahrnehmung) den *Ausgangpunkt* einer psychischen Verarbeitungskette. Die

Sinnlichkeit ist das Material, aus dem Vorstellungen bzw. Vorstellungsrepräsentanzen, also Worte, entwickelt werden. Wenn Freud in der Traumdeutung von einer »Regression« spricht, bei der sich »im Traum die Vorstellung in das sinnliche Bild rückverwandelt« (Freud 1900, S. 548), so zeigt er jedoch gleichzeitig, daß das psychische Geschehen durchaus der Sinnlichkeit nicht nur flieht, sondern diese auch ansteuert.

Melanie Kleins Forschungen suchen mit den Begriffen der *depressiven* und der *paranoid-schizoiden Position,* Modi psychischer Organisation zu beschreiben, die vor den von Freud dargestellten liegen und die Frühgeschichte des Subjekts umreißen (Klein 1962). Doch erst Thomas Ogden schlägt in einer Erweiterung des kleinianischen Denkens mit dem Begriff der »autistisch-berührenden Position« ein Konzept vor, das noch weiter zurückgeht und innerhalb des sensorisch dominierten Erlebens charakteristische Formen der psychischen Organisation beschreibt (Ogden 1995). Der Kerngedanke Ogdens, dem ich mit meinem Konzept folge, besteht in der Erkenntnis, daß nicht erst die unbewußte Phantasie oder das Symbol eine psychische Organisation beinhalten, sondern daß bereits innerhalb der Sinnlichkeit charakteristische Formen, Bedeutung zu verdichten, zu verarbeiten und zu erinnern, vorliegen. Dies steht in klarem Gegensatz zur Freudschen Auffassung, das Wahrnehmungssystem habe »kein Gedächtnis« (Freud 1900, S. 545) und die Form sinnlicher Elemente z.B. des Traumes gehe allein aus den Vorstellungsinhalten hervor: Bei der Traumbildung wird *»das Gefüge der Traumgedanken [...] bei der Regression in sein Rohmaterial aufgelöst«* (a.a. O. S. 548). Das sinnliche Material selbst enthält nach Freud also keinerlei Struktur.

Wenn nun innerhalb der Organisation sinnlicher Wahrnehmung eine Semantik erkennbar ist, so muß die Grammatik dieser ersten Sprache angebbar sein. Wichtige Punkte seien thesenhaft vorangestellt: die kinetische Semantik

- ➢ resultiert aus einer innern Gliederung sinnlicher Ereignisse
- ➢ sie ist eine Integration von Elementen der Binnen- und Außenwahrnehmung.

D.h. sie ist transmodal: sie verbindet verschiedene Sinneselemente untereinander, vor allem aber verbindet sie die sinnliche Umwelt mit dem Erleben des durch Körperspannungen wahrgenommenen Selbst.

Die kinetische Semantik ist eine erste Gestaltbildung aus den je momentanen Sinnesdaten. Dies bedeutet, daß sie nur in der Aktualität ihren Platz findet. Anders als das Symbol der Sprache, das überzeitliche Bedeutung hat, vollzieht sie sich nur im Augenblick.

Aus der Tatsache, daß nur momentane Sinnesdaten verarbeitet werden folgt auch, dass die Subjekt-Objekt-Trennung psychisch noch nicht realisiert wird. Das Erleben ist fusionell, getrennte Objekt- und Selbstrepräsentanzen liegen noch nicht vor.

Gleichzeitig bilden sich innerhalb der kinetischen Semantik Erfahrung und Gedächtnis. Dieses Gedächtnis aktualisiert sich jedoch nicht durch frei abrufbare Symbole oder Vorstellungsbilder. Vielmehr ist die Wiederholung von erlebten prozeßhaften Engrammen die Form, in der kinetische Erfahrung sich reproduziert.

Ogdens Konzept der autistisch-berührenden Position bildet einen bedeutsamen Schritt der psychoanalytischen Theorieentwicklung, da er als erster Autor dieser primären Sprache des Psychischen einen systematischen Ort zuweist. Innerhalb des Modus der autistisch-berührenden Position »geht die psychische Organisation zu einem großen Teil auf unmittelbare sensorische Nähe zurück, das heißt, es werden durch das Erlebnis sich ›berührender‹ sensorischer Oberflächen Beziehungen hergestellt« (Ogden 1995, S. 32). Berührung ist hier im doppelten Sinne zu verstehen: zunächst entsteht ein Eindruck nur dann, wenn eine konkrete Berührung der Sinne vorliegt, eine bloß vorgestellte Repräsentanz des Objekts im Sinne eines Erinnerungsbildes ist noch nicht vorhanden. Dann meint Berührung aber auch die enge fusionelle Verbundenheit mit dem Objekt.

Bei der Untersuchung früher Kommunikationsprozesse stützt sich Daniel Stern (1985) ebenfalls auf die innere Gliederung sinnlicher Ereignisse und beschreibt mit seinem Begriff der »Vitalitätsaffekte« eine charakteristische Form des Anschwellens, des Höhepunktes und des Verklingens einer kurzen Verlaufsgestalt. In seinem jüngsten Buch zum Gegenwartsmoment (2005) überträgt er diese Beobachtung auch auf die Psychologie des Erwachsenen, dessen primäres, noch unversprachlichtes Erleben, sich aus kurzen, etwa drei Sekunden dauernden Episoden, die jeweils verschiedene Sinnesquellen zusammenfassen, aufgebaut. Stern geht hier von einer Ordnung jenseits der Sprache aus, die erst nachträglich und nicht ohne Verlust in die reflexive Form der Sprache übersetzt werden kann.

Christopher Bollas hat mit seinem Denken zum »Verwandlungsobjekt« zwei Momente der frühen psychischen Organisation beschrieben, die mir wichtig erscheinen. Er geht davon aus, daß die Mutter dem Säugling zunächst nicht als »ein klar umschriebenes Objekt mit spezifischen Eigenschaften bekannt ist, sondern vielmehr als ein Prozeß, der mit seinem spezifischen Sein und den Wandlungen seines Seins zusammenhängt« (Bollas 1987, S. 16). Die Aktualität des Erlebens, seine Prozeßhaftigkeit und die fehlende Grenze zum Objekt werden hier thematisiert. Die Mutter ist der Prozeß der Verwandlung des Erlebens, sie hat noch keine eigene Repräsentanz.

Diese fusionelle Struktur des frühesten Erlebens beschreibt auch Frances Tustin in ihrem Konzept des autistischen Objekts oder besser des »Empfindungsobjekts« (1989). Tustin beschreibt eine primäre *»Autosensualität«*, sie bezeichnet damit einen Modus des Erlebens, bei dem die Mutter nicht getrennt von der Erfahrung der eigenen Körperlichkeit wahrgenommen, sondern als ein »zum eigenen Körper gehöriges ›Empfindungsobjekt‹ betrachtet wird« (Tustin 1989, S. 15).

Auch die charakteristische Form kinetischer Erinnerungen oder Engramme ist bei Bollas und Tustin beschrieben. Bollas spricht von »Stimmungen«, welche wieder auftauchen: »Nicht die Repräsentanz der Erfahrung, sondern die Erfahrung selbst wird gespeichert« (Bollas 1987, S. 123). Tustin beschreibt, wie es beim autistischen Objekt auf den sensorischen Eindruck ankommt, den das Objekt, z.B. ein festgeklammertes Spielzeugauto, auslöst. Nicht eine Phantasie über das Objekt, sondern dieser aktualisierte sensorische Eindruck vergegenwärtigt die Bedeutung. Wer würde an dieser Stelle nicht an den Geruch der Madeleine denken, also den Duft, der Proust in seiner Suche nach der verlorenen Zeit plötzlich in die Stimmungswelt seiner Kindheit eintauchen ließ.

Stimme und kinetische Semantik

In aller Kürze habe ich Konzepte verschiedener Autoren, auf deren Überlegungen ich mich beziehe, genannt, worin liegt aber das Spezifische meines Konzepts der kinetischen Semantik? Ich möchte einen inhaltlichen und einen formalen Aspekt nennen: Inhaltlich untersuche ich, systematischer als dies bisher geschehen ist, die Beziehung von *Stimme* und *körperlich fundiertem Erleben*; formal betone ich mit dem Ausdruck *Semantik*, daß ich diesen Modus des Erlebens tatsächlich als eine hoch differenzierte Sprache ansehe, die, z.B. im Falle der Musik, ein eigenes Vokabular und eine eigene Grammatik geschaffen hat.

Bei der Untersuchung frühester Erfahrung wird in aller Regel die Erfahrung der Haut in den Vordergrund gestellt. Bekannt geworden ist hier die Arbeit von Anzieu (1992) zum Haut-Ich, aber auch Bick (1968), Ogden (1995) und Tustin (1989) betonen die Bedeutung der Haut bei der Strukturierung der frühesten Erfahrung. Diese monothematische Konzentration auf die Haut wundert mich, kann die Stimme doch einen ungleich zentraleren Platz beanspruchen.

Die Stimme ist das *erste* Objekt des Menschen (Maiello 1999), das Ungeborene hört die Stimme der Mutter und mit ihr die ersten klaren und spezifischen emotionalen Botschaften. In meinem Aufsatz zur Stimme habe ich begonnen, dieses erste und archaische Objekt in seinen genetischen und strukturellen Aspekten zu untersuchen (Leikert 2007). Die Stimme belebt das Subjekt, ich gehe jedoch davon aus, daß auch destruktive Erfahrungen, insbesondere die *verfolgende* Stimme der Psychose, hier wurzeln. In meiner Auffassung ist die Stimme also ein Kern des Über-Ichs, der sich im Strukturzerfall der Psychose seines symbolischen Rahmens entkleidet und seine archaisch destruktive Macht wiedererlangt. Die Stimme bildet jedoch auch einen Kern des Selbstgefühls. Sie wird, als *eigene* Stimme, zum Kern einer vitalen Erfahrung des eigenen Ichs. Ein Stück des Machtgefühls und der Suggestivität des Ichs leitet sich aus der Inkorporation des archaischen Objekts Stimme ab.

Die Stimme entfaltet sich in der Zeit und läßt in ihren zeitlichen Einheiten die Form wieder erkennen, die Stern für die Vitalitätsaffekte (1985), bzw. den Gegenwartsmoment (2005) beschrieben hat. Auf diese Isomorphie von Affektverlauf und Musik hat Haesler (2002) hingewiesen. Betrachten wir aber die besondere *semantische* Form der Musik: Die akustische Erfahrung ist sinnlich, wie die taktile, optische oder olfaktorische Erfahrung. Ich sehe die Stimme jedoch nicht nur wegen ihrer genetischen Verwurzelung im Vorgeburtlichen in einer dominanten Sonderrolle. Die kinetische Semantik lebt aus der Integration der Außen- mit der Binnenwahrnehmung, also mit der körperlichen Empfindung des Selbst. Nun wird aber in den natürlichen Ordnungen der Stimme und noch deutlicher in den künstlerisch überhöhten Ordnungen der Musik, eben die Ordnung der Binnenwahrnehmung selbst thematisch. In der Klanglichkeit der Prosodie und in der Musik vermittelt sich ein unmittelbarer Ausdruck der erlebten Spannung, wir erleben in ihr quasi den akustisch objektivierten Körper.

Sprechen und Musik folgen naturwüchsig den Rhythmen der Atmung. Tempo, Klang und Intensität vermitteln etwas von der unmittelbaren Empfindung. Nach meiner Auffassung ist der akustische Kanal weit eher geeignet, die *Verbindung* zwischen Außen- und Binnenwahrnehmung herzustellen als andere Sinne, etwa der Geruchssinn, der relativ träge ist oder der optische Sinn, der höchsten im Film eine derart genaue zeitliche Synchronisierung von Wahrnehmung und Empfindung herstellen kann. Aus dieser Parallele zwischen der Musik und der Verlaufsgestalt der emotionalen Binnenwahrnehmung leitet sich die ungeheure emotionale Wirkung der Musik ab.

Ein weiteres Argument dafür, sich eingehend mit der Stimme zu beschäftigen ist natürlich der Umstand, daß die analytische Beziehung sich eben nicht über Haut-Berührung oder durch Gerüche vollzieht, sondern über die

Stimme. Der Modus der autistisch-berührenden Position ist innerhalb der klinischen Beziehung anwesend und bestimmt die therapeutische Beziehung mit. Und diese basale Ebene der Beziehung wird vor allem über die Stimme erfahrbar und der Einflußnahme zugänglich.

Ritualisierung und Musik

Wie aber läßt sich nun die Musik in diese Erklärungslandschaft einordnen? Ich möchte mit der Beschreibung einiger Grundmechanismen beginnen und dann zum psychoanalytischen Verständnis dieser Vorgänge fortschreiten.

Bezüglich der Musik von der Stimme auszugehen, ist zunächst trivial, verwendet die Musik doch selbst basal die Stimme. Was unterscheidet jedoch die natürliche Sprechstimme von der Musik? Die Musik entsteht aus der Sprechstimme durch Veränderungen, die sich auf einen einzigen Grundmechanismus zurückführen lassen, nämlich auf den der *Verregelmäßigung*. Der Sprechstimme inhäriert ein Rhythmus. Verregelmäßigt sich dieser Rhythmus, so bildet sich ein Metrum, welches einen Sprechgesang entstehen läßt der sofort in die Nähe der Musik führt.

Gleiches gilt, wenn die Prosodie durch die Einführung regelmäßiger Intervalle eine definierte Melodie erhält. Auch hier greift die Musik die natürliche sinnliche Ordnung des Sprechens auf und überhöht sie durch eine Verregelmäßigung ihrer Parameter.

Das letzte verblieben Grundparameter der Musik ist der Klang. Der Klang ist ein komplexeres Phänomen und bedürfte einer eigenen Würdigung. An dieser Stelle kann ich lediglich darauf hinweisen, daß der Unterschied von Sprechen und Singen vor allem in der Intensivierung der Beziehung von Stimme und Körper liegt. Die Ausbildung der Gesangsstimme ist in wesentlichen Teilen eine Ausbildung der stimmlichen Resonanz im Körper. Der Sänger lernt, seinen Körper systematisch als Resonanzraum der Stimme zu benutzen. Und dieser Effekt stellt sich auch beim Hörer ein, da der Hörer diese gesteigerte Intensität unwillkürlich kinetisch imitiert.

Ich habe nun einige Mechanismen beschrieben, welche die Transformation der archaischen Stimme hin zur Musik leisten. Im Wesentlichen handelt es sich um das Verregelmäßigen ihrer Grundparameter des Rhythmus, der Melodie und des Klangs. Die Verregelmäßigung betrifft dann auch den Aufbau der musikalischen Form. Eine Fuge, ein Rondo, eine Sonate etc., sind jeweils durch spezifische Formen der Verregelmäßigten und Wiederholung einzelner Segmente der Form charakterisiert.

Sebastian Leikert

Die Kinetische Semantik und die ästhetische Theorie Freuds

Mit einem Begriff aus der Freudschen Theorie der Ästhetik möchte ich nun auf die psychoanalytische Bedeutung dieser Mechanismen zu sprechen kommen und festhalten, daß Musik entsteht, wenn das akustische Feld »Schönheitsregeln« unterworfen wird (Freud 1913, S. 417). Die musikalischen Schönheitsregeln lassen durchaus einen Vergleich mit der Präsentation des Erotischen zu: Symmetrien werden betont, Flächen verregelmäßigt, das Objekt des Begehrens, also in der Musik die Stimme, wird hinter einer schimmernden Oberfläche zugleich verborgen und gezeigt.

Bei der Analyse des psychologischen Sinns dieser Regeln weiche ich nun von Freud ab. Alle Kunst bedient sich nach Freud »der Wahrnehmungslust der Formschönheit als Verlockungsprämie« (Freud 1925, S. 90). Dabei glaube ich, daß der »ästhetische Lustgewinn« und die damit verbundene »Vorlust« (Freud 1908, S. 233) nicht so sehr im Versprechen einer zukünftigen Lust gründet, sondern in einer *Entängstigung* wurzelt.

Die Begegnung mit dem Archaischen ist fundamental ambivalent. Dem Begehren nach der Begegnung mit der ursprünglich belebenden Stimme steht die Angst vor der verfolgenden und zerstörenden Stimme entgegen. Und diese Angst wird dadurch bearbeitet, daß die Stimme in der Musik rigorosen »Schönheitsregeln« unterworfen wird. Ich untersuche hier pars pro toto den Rhythmus.

Wo immer Autoren auf die Welt des Archaischen zugehen und eine primäre psychische Organisation beschreiben, spielt der Rhythmus eine Rolle (Ogden 1995, Bollas 1987, Tustin 2005). Stets wird dabei betont, daß der Rhythmus das Erleben *organisiert*. Der wesentliche Punkt aber scheint mir in der psychologischen Funktion dieser Anordnung, nämlich in der *Entängstigung*, zu liegen: der Rhythmus moderiert die Begegnung mit dem archaischen Objekt. Wird das akustische Feld dem Rhythmus unterworfen, so kann sich das Subjekt auf das nächst folgende Ereignis antizipierend einstellen und erlebt sein Auftauchen als die Bestätigung einer Erwartung, es entsteht ein »Rhythmus der Sicherheit« (Tustin 2005). Auf einer formalen Ebene finden wir im Rhythmus das beherrschte Spiel von An- und Abwesenheit wieder, das Freuds Aufmerksamkeit beim Spiel seines Neffen mit der berühmten Spule auf sich zog (Freud 1920).

Die Schönheitsregeln haben also die Funktion, einen rahmenden und sichernden Halt bereitzustellen, der nun eine Begegnung mit dem ästhetischen

Objekt ermöglicht. Das ästhetische Objekt ist ein Verwandlungsobjekt und was die Kunst vermag ist es, einen Prozeß, der zu diesem Objekt hinführt, einzuleiten. Neben dem spezifischen Objekt dem wir in der Kunst begegnen, lockt uns die Kunst in einen Modus des Erlebens hinein. Ein Bild, ein Mensch oder Musikstück sind uns auf andere Weise nah, wenn wir sie im Modus der kinetischen Semantik erleben.

Rhythmisierung und Entgrenzung

Wie aber leistet die kinetische Semantik diese *Transformation* von der normalen zur ästhetischen Wahrnehmung? Diese Frage interessiert mich als jemand der Kunst erlebt, aber auch als Psychoanalytiker, denn ich glaube, daß die Nähe und Veränderungsbereitschaft, die man in der Kunst erlebt, auch eine mutative klinische Beziehung beschreibt.

Wie aber kann man diesen Prozeß begrifflich fassen? Ich glaube, daß der Begriff der *Ritualisierung* diesen Vorgang beschreibt, wobei *Ritualisierung* mit einer *Rhythmisierung* beginnt und eine *Entgrenzung* anstrebt. In der Musik läßt sich dies paradigmatisch erkennen. Der Rhythmus selbst ist ja eine Ritualisierung des Zeitstroms. Und, wohin man auch blickt: überall in der Musik entdecket man Wiederholungssequenzen, die ein hohes Maß an Ritualisierung aufweisen, also eine Form des Ablaufs, die im Vorhinein festgelegt ist und damit Überschaubarkeit für das Subjekt bietet. Ich möchte nun so weit gehen, in der Ritualisierung des Kern dessen zu erkennen, was Freud als die Schönheitsregeln bezeichnet, welche die Vorlust oder Verlockungsprämie bereitstellen, die zur eigentlichen ästhetischen Lust hinführen die »aus tiefer reichenden psychischen Quellen« schöpft (Freud 1908, S. 223).

Mit den tiefer reichenden Quellen ist natürlich der Trieb gemeint der in der Kunst angesteuert wird und den zu genießen die von der Kunst bereitgestellte Sublimierung erlaubt (Bayer 2007). An dieser Stelle weiche ich nun von Freud ab. In der Terminologie die ich mit der kinetischen Semantik vorschlage, verschwindet der Gegensatz von Verlockung und Trieb und wird ersetzt durch die beiden Seiten der Ritualisierung: durch die Rhythmisierung und die Entgrenzung.

Die Rhythmisierung habe ich bereits als einen rahmenden und sichernden Vorgang beschrieben der es erlaubt, sich auf die Begegnung mit dem ästhetischen Objekt einzulassen. Die Entgrenzung macht nun deutlich, warum die Begegnung mit dem Objekt im Modus der kinetischen Erlebens lustvoll – wenn man so möchte »triebhaft« – , aber auch Angst erregend ist.

Die kinetische Semantik wurzelt in der archaischen Begegnung, in der noch keine Subjekt-Objekt-Grenze erlebt wird. Innerhalb des kinetischen Modus bleibt das Objekt, im positiven wie im negativen Falle, invasiv und fusionell. Sinnlichkeit bedeutet genau dies: Das Objekt wird dem Korsett des Wissens um es entkleidet und erscheint in der Nacktheit des unmittelbaren Eindrucks. Das Objekt des Kinetischen ist immer und notwendig »Empfindungsobjekt« (Tustin 1989). Darin liegt nichts Regressives, vielmehr ist Unmittelbarkeit des Erlebens eine Dimension psychischer Gesundheit. Die Erotik des sinnlichen Augenblicks ist kein Vorrecht des Säuglings.

Die Entgrenzung des Kinetischen betrifft aber auch das Subjekt in seiner Körperlichkeit. Wenn das Kinetische eben der Prozeß der Vermittlung von Außen- und Binnenwahrnehmung ist, so gelangt nun auch die eigene Körperlichkeit mit ihrem Drängen, ihren Spannungen und ihren Impulsen in dem Maße ins Zentrum des Erlebens, wie die Modalität des Kinetischen regiert.

Sind wir nun damit beim Freudschen Trieb und seinen Objekten, zu denen Lacan (1960) ja auch die Stimme zählt, angelangt? Finden wir in der Musik den Trieb in nuce? Sicherlich nicht. Freud denkt den Trieb ja als einen »Grenzbegriff zwischen Seelischem und Somatischem«, als die »aus dem Körperinneren stammenden, in die Seele gelangenden Reize« (Freud 1915, S 214). Das Kinetische aber, ist eine *Semantik*, d.h. eine Form, Reize zu *verarbeiten* und Erlebnisse zu *repräsentieren.* Trotzdem unterscheidet sich die Semantik der Musik von Bild und Sprache, indem sie keinen Abstand zu dieser Grenze sucht, sondern diese Grenze planvoll ansteuert. Musik will Erleben und Lust nicht allein verarbeiten und repräsentieren, sondern gleichzeitig auch suggestiv erzeugen.

Auf diese Weise ist das Mikroritual der Musik in der Lage, kinetische Engramme wachzurufen. Es weckt die Erinnerung an die archaische Lebenszeit, indem es Sequenzen von Spannung und Entspannung wiederholt. Dieses *Erinnern durch Wiederholen* zeigt sich in der Fähigkeit der Musik, Gefühlswelten aufzubewahren. Es ist, schreibt Theweleit, als seien die vergangenen Emotionen in den Rillen der Schallplatte aufgespeichert (Theweleit 2006).

Musik wirkt, indem sie die natürlichen Parameter der Stimme aufgreift, verregelmäßigt und rhythmisiert. Ich habe dies eine Ritualisierung genannt, weil die Musik auf diese Weise einen Weg in die kinetische Semantik hinein bahnt. Dieses Eintauchen in einen fusionellen Erlebensmodus bewirkt eine Entgrenzung und löst Angst aus, die vor allem durch die berechenbaren Wiederholungssequenzen gebunden wird. Jetzt wird eine Nähe zur Sinnlichkeit des Objekts, des Objekts Stimme, sowie eine körperliche Resonanz zugelassen, welche archaisch kinetische Engramme wachruft und transformiert.

Musik steuert dieses Grenzgebiet zum Somatischen planvoll an, weshalb es mir legitim erscheint, die Freudsche Sublimierungstheorie mit ihrem Gegensatz von Schönheitsregel und Trieb mit den beiden Seiten der Ritualisierung, also mit der Rhythmisierung und der Entgrenzung, zu vergleichen.

Das kinetische Engramm in der analytischen Arbeit

Die Musik habe ich als eine Einladung beschrieben, sich auf einen emotionalen Verwandlungsprozeß einzulassen. Diese Kennzeichnung beschreibt auch die psychoanalytisch Kur. Natürlich setzt die Psychoanalyse andere Mittel ein und verfolgt andere, weiter gehende Ziele als die Musik, aber in einem Punkt ist sie der Musik ähnlich: sie steuert systematisch die kinetische Semantik an und kann nur erfolgreich sein, wenn die Beziehung sich in diesem Bereich verwurzelt. Ich möchte die Rolle der kinetischen Semantik zunächst kurz für einige Elemente des Settings aufzeigen. Vor allem aber soll anhand einer Vignette die Veränderungsarbeit an einem kinetischen Engramm beschrieben werden.

Die kinetische Semantik und das analytische Setting

Zu den ersten Maßnahmen des Analytikers beim Einrichten des analytischen Settings gehört *die Rhythmisierung und Entgrenzung der Zeit.* Bei der Vereinbarung der psychoanalytischen Behandlung wird als zunächst die Zeit der Begegnung rhythmisiert – es werden feste Sitzungen in einem möglichst gleichmäßigen Rhythmus vereinbart, die *Dauer* der analytischen Reise ist jedoch im Vorhinein nicht begrenzt, vielmehr lebt die therapeutische Regression von der Phantasie eines entgrenzten zeitlichen Raumes.

Aber auch innerhalb der Stunde gibt es eine Reihe von Maßnahmen, welche die Begegnung ritualisieren und in berechenbarer Weise begrenzen. Kompetenz, Bezahlung, Diskretion und Abstinenz des Analytikers, die Begrenzung seiner Reaktion auf Schweigen und Sprechen, all dies sind entängstigende Maßnahmen, welche die Entgrenzung ermöglicht, die es allererst erlaubt, daß unsere Stimme eine wirklich verändernde Wirkung entfaltet.

In analoger Weise verstehe ich auch die beiden anderen Pfeiler des analytischen Settings, die *Couch-Situation* und die *Grundregel.* Durch die Couch-Situation reduziert Freud in einer genialen Intuition den Analytiker wie den Analsanden auf die Stimme. Das sensorische Feld konzentriert sich auf den akustischen Kanal, während der Körper beider Partner des analytischen Prozesses durch die entspannte Haltung in die Lage kommt, der Stimme des anderen eine tiefere Resonanz zu erlauben. In jüngerer Zeit beginnt die Psychoanalyse, die feine Abstimmung von Stimme und Körper zu beschreiben, die sich jetzt in der klinischen Situation entfaltet (Bady 1985, Wrye 1997, Ogden 2004, Pflichthofer 2005).

Die Grundregel hat Freud mit seiner Theorie des Unbewussten und der Verdrängung überzeugend begründet (Freud 1915–16). Ich glaube aber, daß zwei weitere Aspekte der Grundregel zur Spezifik der analytischen Beziehung beitragen, nämlich die *Aktualisierung des Geschehens* und die *Entgrenzung der Beziehung*. Die kinetische Semantik wurzelt in der Aktualität der Begegnung, in der Unmittelbarkeit von Impuls und Antwort. Zu dieser Aktualität führt die Aufforderung, alles ohne Zensur auszusprechen, zielstrebig hin. Alles auszusprechen was durch den Sinn geht, löst jedoch paranoide Ängste aus, weil dadurch die Grenze zum analytischen Objekt eingerissen wird. Würde der Analysand dieser Regel wirklich folgen, so würde der Analytiker tatsächlich ohne Ich-Grenze das Subjekt durchleuchten können, so wie es der Paranoiker befürchtet. Im analytischen Prozeß schwankt das Subjekt zwischen der ängstigend entgrenzenden Intimität zum Analytiker welche die Grundregel einfordert und seinem Bedürfnis nach Abgrenzung des Selbst in der analytischen Beziehung (Ogden 2001).

Diese Maßnahmen, welche die Basis der Wirksamkeit der analytischen Beziehung bilden, transformieren die aus dem Alltag gewohnten Formen des Kontakts in Richtung einer Beziehung, in welcher der haltende Rahmen eine Entgrenzung ermöglicht, die allererst Veränderung erlaubt. Die Kennzeichen der kinetischen Beziehung – Aktualität, Sinnlichkeit, Entgrenzung – treten in eine spannungsvolle Dialektik zum Wiederholungszwang des neurotischen Leidens. An anderer Stelle (Leikert 2008) habe ich diese Aspekte ausführlicher diskutiert, hier möchte ich nun den Sprung in eine klinische Vignette machen und etwas davon beschreiben, was man *die Melodie der analytischen Stunde* nenne könnte.

Fallvignette

Ich möchte aus der Arbeit mit einem 32jährigen Mann berichten, den ich Caspar nenne. Ich glaube, dieses Pseudonym habe ich gewählt, weil es etwas von der absoluten Isolation ausdrückt, in der ich meinen Analysanden zunächst erlebte. Der erste Eindruck war jedoch ein anderer: ich erinnere mich lebhaft an die erste Begegnung. Es war Sommer und als ich die Haustür öffnete, kam Caspar mit federndem Schritt, langhaarig und im ärmellosen T-Shirt lässig die wenigen Stufen zur Praxis heraufgestürmt. Zum Bild einer kalifornischen Sorglosigkeit fehlte nur das Surfbrett. »Der braucht doch bestimmt keine Analyse« schoß es mir durch den Kopf. Ebenso schnell wie Caspar die wenigen Meter zu mir zurückgelegt hatte, kippte das Bild in sein absolutes Gegenteil. Caspar blickte mich mit einem zermarterten Gesicht bittend und suchend an. Sein nicht eben forscher Händedruck paßte zur notgebeugten Haltung, er »zog«, wie er es später formulieren sollte, »einen Buckel«. Ich wurde augenblicklich in einen Strudel widersprechender Gefühle hineingezogen. Unmittelbar konnte ich eine Verzweiflung einfühlen, die meinen ersten Eindruck konterkarierte und geradezu schuldhaft einschwärzte. Mit welch enormer Ignoranz, so fragte ich mich, hatte ich *so oberflächlich* sein können! Die Heftigkeit dieser selbst verurteilenden Reaktion hatte, bedenkt man den Umstand, daß die Beziehung noch keine fünf Sekunden alt war, ein erstaunliches Ausmaß.

Analysiert man die Tendenzen des ersten Eindrucks, so gelangt man zu einem unvermittelten Gegensatz zwischen Optimismus und Kraft und einem intensiven Gefühl der Verschuldung und Misere. In der ersten Szene überwog die Empfindung, Caspar allein gelassen zu haben. Dieser Eindruck korrespondiert mit einschneidenden Traumata der Frühbiographie. Caspar war, beginnend mit dem Säuglingsalter, aufgrund einer lebensbedrohlichen Asthmaerkrankung immer wieder längeren Trennungen von der Mutter ausgesetzt gewesen. Zudem hatte der ängstlich vermeidende Beziehungsstil der Eltern seine Selbstunsicherheit und seine Rückzugstendenzen derart gefördert, daß er, trotz intensiver Sehnsucht, lange Zeit nicht fähig war, eine Beziehung zu einer Frau einzugehen, sondern sich in eine selbstausbeuterische Arbeitssucht flüchtete. Die Erfolge seiner Berufstätigkeit als Manager in der IT-Branche konnte er jedoch nicht wertschätzen, zu sehr war sein unmittelbares Selbstgefühl immer wieder von der traumatischen Spannung überflutet, die aus den frühen Trennungen resultierte. Erst nach einem Zusammenbruch lernte er in der stationären Therapie eine Frau kennen. Bald nach der stationären Psychotherapie suchte er mich auf.

Zu Beginn der Analyse konnte Caspar Sprache nur sehr eingeschränkt nutzen. Er schilderte zwar seine Zustände des Leidens plastisch und in klaren Worten, erreichte mich emotional jedoch kaum. Dieses Auseinanderfallen von erlebtem Drama und der Schwierigkeit, mitzufühlen, löste zunächst intensive Schuldgefühle in mir aus. Im Laufe der Zeit lernte ich jedoch zu verstehen, daß auch in anderen Bereichen der Verwendung von Sprache diese charakteristische Lücke klaffte. Caspar war in vielen Bereichen kreativ, so arbeitete er auch an einem Roman. Hier war die gleiche Kluft zu erkennen: obwohl die Verbindung des Geschriebenen zur inneren Szene prägnant war und gedeutet werden konnte, ergab sich zunächst weder durch die Deutung, noch durch den ursprünglichen kreativen Akt des Schreibens eine Erleichterung oder Entspannung. Die Sprache konnte zu Beginn also bloß lexikalisch genutzt werden und vermocht kein kinetisches Band zwischen dem Subjekt und dem äußeren Objekt oder dem symbolischen Objekt (z.B. seinem Roman) zu weben. Die Beziehung stieß an eine Barriere.

Nach etwa zweieinhalb Jahren einer dreistündigen Analyse kam Caspar erregt und ängstlich zu Sitzung. Er stand an diesem Tag enorm unter Druck und wollte, so sagte er, von einer Sache berichten, die er bisher noch nie wirklich gut habe darstellen können. Er berichtete von der Untreue seiner heutigen Partnerin in der Anfangzeit der Beziehung und von den enormen Gefühlen von Scham und Selbsthaß, sowie der kaum erträglichen Wut, die dies in ihm auslöste. Er schilderte die Massivität, mit der ihn die Erinnerung an diese Zeit immer wieder überflute und auch am heutigen Tag beständig daran gehindert habe, sich auf seine Aufgaben zu konzentrieren. Zwischen den Meetings sei er in die Dachkammer des Bürogebäudes geflüchtet, habe dort geraucht und einige Manuskriptseiten des Romans gelesen, den er schrieb.

Den Hauptteil des Berichts nahm die ausführliche Schilderung verschiedener Aspekte seines Leidens ein, nur in einem Nebensatz streifte er zwischendurch den heutigen Tag. Der Bericht hatte etwa 25 Minuten gedauert. Während dieser Zeit war Caspar immer stärker unter Spannung geraten. Ich fühlte mich während dieser Zeit, wie bereits angedeutet, leer und hilflos. Ich hatte gelernt, diese emotionale Anästhesie in der Gegenübertragung als kinetische Darstellung der verzweifelten Isolation zu verstehen, der Caspar als Kind wiederholt ausgesetzt gewesen war.

Charakteristisch für diese Zonen der therapeutischen Beziehung war die Unmöglichkeit der basalen kinetischen Identifizierung: der Atemfluß koordinierte sich nicht. Über eine lange Zeit der Analyse hatte ich mich in diesen Bereichen der Beziehung sehr unwohl gefühlt und gespürt, daß ich Caspar kaum erreichen konnte. Auch an diesem Tag machte ich mir Sorgen, denn die Stunde war die letzte vor einer Ferienpause von mir und ich hatte die Furcht, Caspar in dieser desolaten Isolation zurücklassen zu müssen.

Während der kurzen Erwähnung des heutigen Tages hatte ich nun kinetisch imitierende Erlebnisse, die mit dem sonst vorherrschenden Gefühl der Isolation kontrastierten: ich spürte in meinen Beinen, wie Caspar die Treppe zum Dach hoch stürmte und stellte mir, indem ich selbst unwillkürlich fast nach Luft rang, vor, wie Caspar gierig den Rauch der Zigarette einsog. Diese flüchtigen Erlebnisse waren bereits fast wieder verschüttet, als Caspar seinen Bericht beendete und mich fast brüsk fragte, ob ich ihn verstehen könne.

Wie sollte ich reagieren? Ich konnte mich auf das Thema der Untreue beziehen, das thematisch im Vordergrund gestanden hatte oder ich konnte den lebensgeschichtlichen Kontext ansprechen, das dieses Ereignis mit traumatischer Gewalt auflud. Beide Aspekte hatten wir schon oft durchgesprochen und ich erwartete mir wenig davon. Ich fühlte mich in einer Sackgasse gefangen, da beide Wege die nahe lagen, wie ich aus der Erfahrung mit Caspar wußte, nicht gangbar waren. Zudem bedeutete die direkte Frage von Caspar eine plötzliche Zuspitzung des zeitlichen Geschehens. Während des Berichts hatte ich mich in den Raum der Reflexion zurückziehen und eine Intervention gedanklich vorbereiten können. Die plötzliche Frage überraschte mich und forderte eine unmittelbare Reaktion, wollte ich diesen Begegnungsmoment (Stern 2005) nicht ungenutzt verstreichen lassen. Ich hatte also keine Zeit lange zu überlegen, wußte nur, was ich *nicht* sagen wollte und hörte mich dann sagen, daß ich während der Schilderung des Weges zum Dachboden das Gefühl gehabt hatte, er habe hier *um sein Leben gekämpft*. Während ich dies sagte, hatte ich das Gefühl, pathetisch und überspannt formuliert zu haben. Ich sagte aber nur diesen einen Satz.

Es entstand eine Zone des Schweigens, in dem sich der Kontakt vollständig veränderte. Ich merkte, wie unsere Atemzüge sich koordinierten und konnte jetzt Trauer und Verlorenheit spüren, als sei mein empfindender Körper plötzlich aufgetaut. Caspar sagte nach einer Weile, er hätte kurz das Gefühl gehabt, weinen zu müssen, dann habe sich das Gefühl aber zurückgezogen.

Die emotionale Atmosphäre blieb jedoch verändert. Es wurde nun möglich, die aktuellen Gründe für das Empfinden der Isolation zu besprechen. Man hatte ihn in der Firma der Untreue beschuldigt und ungerecht angeprangert, was ihn sehr getroffen hatte. Auch die Aspekte der Übertragung konnten jetzt in einem guten emotionalen Kontakt besprochen werden und Caspar erlebte meine Gedanken, ihn so verzweifelt in die meine Ferien entlassen zu müssen, als wohltuende Sorge.

Diskussion

An diese kurze Sequenz möchte ich einige Bemerkungen anschließen. Die Zone der Isolation hatte in dieser Sitzung etwa die Hälfte der gemeinsamen

Zeit beansprucht. Dies war ein großer therapeutischer Fortschritt: es hatte etwa 170 Stunden gedauert, bis dieser Umschwung zum ersten Mal überhaupt möglich wurde. Zuvor hatte das kinetische Engramm, das die frühe Isolation eingeschrieben hatte, das Erleben Caspars zunehmend bestimmt und überflutet. Zunächst hatte er eine Reihe von körperlichen Krankheiten produziert, dann war das Leiden an der Traumatisierung zunehmend emotionaler geworden. Scham, Selbstverteilung und Hass hatten ein extremes Ausmaß erreicht, das um so beängstigender war, als ich in dieser Zeit noch kaum entlastenden emotionalen Kontakt hatte aufbauen können. Es war, als würde ich versuchen, durch eine Glaswand Psychoanalyse zu machen. Ab der 210. Stunde bildeten sich Inseln, dann Flächen des emotionalen Kontakts. Seither hat sich die emotionale Melodie weiter positiv verändern lassen.

Ich richte meine Aufmerksamkeit auf die emotionale Kontur der Stunde, auf das, was Knoblauch (2000) die »musical edge« des therapeutischen Dialogs nennt und messe hieran die Entwicklung einer Stunde und der Behandlung insgesamt. Dabei lasse ich mich in den Interventionen vor allem von der Frage leiten, an welcher Stelle ich vitale kinetische Reaktionen spüre (Dantlgraber 2007). Auf diese Weise setzt sich das Moment der Aktualität um. Es war ja ein rezentes Element, das ich unwillkürlich aufgegriffen hatte. Dies ist aber keine feste Regel. Der Hauptpunkt der Orientierung sind kinetische Reaktionen auf meiner Seite.

Der Aspekt der Aktualität spielt auch bei der Intervention eine wichtige Rolle. Im Online-Geschehen des Begegnungsmoments ist es nicht möglich, Interventionen zu planen, ich spreche dann ohne inneres Vorformulieren aus der unmittelbaren Bezogenheit heraus. Ich lege Wert darauf, in der Aktualität der analytischen Beziehung anzukommen auch wenn dies bedeutet, daß ich meine Beiträge zum analytischen Gespräch nicht so sorgfältig formulieren kann, wie ich das gern tun würde. Mir scheint diese Bereitschaft zum Eintritt die die Unmittelbarkeit der Reaktion wichtig um in dem anzukommen, was Ogden die »Musik des Geschehens in der analytischen Beziehung« nennt (Ogden 2004, S. 74).

Es ergibt sich nun die Frage nach der Spezifität der Deutung. Ich betrachte die Deutung unter zwei Gesichtspunkten. Zunächst sollte sie eine inhaltliche Brücke bilden, also das Erlebte verbalisieren – in diesem Aspekt traf meine Intervention möglicherweise die Dramatik des Erlebens, konnte aber nicht die unbewussten Motive des Erlebens erfassen, die sich erst nachträglich erschlossen.

Ebenso trägt zur Wirkung der Deutung aber auch die *kinetische Spezifität* bei. Damit meine ich die Verwurzelung der Stimme im augenblicklichen körperlichen Spannungszustand des Analytikers. Ich hatte ja an einer Stelle des Berichts von Caspar eine lebhafte körperliche Reaktion gespürt und diese sozusagen in mir aufbewahrt. Ich glaube, daß auf diese Weise meine Stimme auf der klanglichen Ebene die Anteilnahme am Verspürten wiedergab und Caspar erreichen konnte. Ich halte diese Verbindung für spezifisch ich hätte über andere Aspekte des Berichts nicht mit dieser Stimme sprechen können (Ogden 2004).

Bei der Einschätzung der Wirkung der Deutung ergeben sich parallele Aspekte. Zunächst kann die verbale Reaktion des Analysanden untersucht werden, vor allem aber interessiert mich die kinetische Wirkung, die bei Caspar sehr ausgeprägt war. Ich möchte hier auf die Begrifflichkeit von Ogden rekurrieren, der von der autistisch-berührenden Position sprach. Anfangs der Stunde war Caspar innerhalb dieses Modus weitgehend auf der Seite der autistischen Isolation. Mit Tustin (2005) könnte man auch von einer *autistischen Barriere* sprechen. Eine geglückte Intervention konnte dann die Spannung lösen; die Beziehung gelangt eher zum Pol der Berührung, den die autistisch-berührende Position kennt. Dieser Aspekt ist mir wichtig, weil frühe Formen des Erlebens in der Regel unter der Überschrift von autistischen und beziehungsfernen Zuständen diskutiert werden, so spricht Tustin etwa von *autistischen* Objekten obwohl sie eine Form der Objektbildung beschreibt, die sinnlich-ästhetisch ist und nur in pathologischen Versionen die autistische Isolation mit sich bringt.

Meine Haltung versucht zu differenzieren: zunächst verstehe ich die kinetische Ebene als einen durchgängigen Aspekt der Beziehung, vor allem aber ist die Viskosität der kinästhetischen Ebene für mich ein Kompaß für die Qualität der Beziehung. Ist man einmal in einer Zone der Bezogenheit angelangt, so beginnen die Sätze anders zu klingen. Dies zeigt sich nicht zuletzt am Metrum des Sprechens: Im letzten Teil der Stunde mit Caspar ergab sich ein guter Rhythmus zwischen Sprechen, einem Formulieren im Lento, einem Nachklingen lassen und Antworten, während Caspar zuvor atemlos in einem Crescendo der inneren Spannung gesprochen hatte und meiner Stimme keinerlei Platz einräumen konnte. Unterscheidet man idealtypisch zwischen Zonen der *Übertragung* und Zonen der *Begegnung*, so scheinen mir unterschiedliche Haltungen sinnvoll. Ist es gut, der Übertragung zunächst einen weiten Raum zu geben und den Bericht diskret zu begleiten, so scheint es mir in den Zonen größerer Bezogenheit angemessen, aktiver in das Gespräch einzutreten. Diese mutativen Zonen der Beziehung entwickeln die Bedeutung aus der Aktualität der Begegnung.

Ich möchte noch einen letzten Aspekt aufgreifen. Der plötzliche und weitgehende Umschwung innerhalb der Stunde mit Caspar ist nicht einer

Einzelintervention zu verdanken, sondern einem langsamen mutativen Prozess der Wiederholung und Variation. Als dieser Umschwung zum ersten Mal gelang, geschah er von einer zur nächsten Stunde. Insgesamt kann man also eine Transformation des kinetischen Engramms beschreiben, die über viele Wiederholungen zu einer Verkürzung der zeitlichen Dauer, vielleicht zu einer Intensivierung des Erlebens führte, vor allem aber eine neue Form der Bezogenheit ermöglichte. Auf einer abstrakten Ebene eine musikalische Arbeit an der Wiederholung.

Schlussbemerkung

Das Konzept der kinetischen Semantik ist Ergebnis meines Bemühens, die Musik psychoanalytisch darzustellen. Die Beschäftigung mit diesem averbalen Medium erlaubt jedoch auch, die Wahrnehmung auf eine basale Ebene der therapeutischen Beziehung zu richten. Wenn ich die kinetische Semantik neben die sprachliche Semantik des Symbolischen stelle, so gehe ich, mit Freud, von dem Gedanken der Umschrift seelischer Inhalte aus (Freud 1900). Mehr als der Gedanke der Übersetzung fasziniert mich jedoch der Aspekt, daß wir stets beide Sprachen zugleich sprechen. Daß die Stimme, mit der sich der Analysand an uns wendet, jenseits des Sinns der Worte, eine entzifferbare Klangarchitektur hat, die wir körperlich rezipieren, die in unserem Soma präsent ist (Bollas 1987, S. 292).

Und wir haben ein Interesse an daran, alle Sprachen des Seelischen zu sprechen. Man kann kinetisches Erleben nur unvollständig in Sprache übersetzen. Vor allem aber wollen wir das gar nicht, da nur die kinetische Semantik die sinnliche Verbundenheit mit dem Objekt kultiviert. Es geht in der Psychoanalyse also nicht allein um eine Verbalisierung psychischer Inhalte, sondern gleichzeitig darum, die Modulationsfähigkeit kinetischer Engramme zu erweitern. Wenn das kinetische Engramm so etwas wie die Urszene dieses semantischen Systems ist, so lässt sie doch einen Kosmos an Variationen, Erweiterungen und Anschlüssen zu. Ebenso wie in der Sprache, entsteht im Laufe der Biographie eine vielfach geschichtete Textur von kinetischen Formen, die in bedeutsamen Begegnungen verändert werden können. Die Psychoanalyse bietet eine einzigartige Situation, das Binden, Verweben und Erweitern des Zusammenklangs von Kinetischem und Sprachlichen zu fördern.

Bibliographie

Anzieu, Didier (1992): Das Haut-Ich. Frankfurt a. M.: Suhrkamp.
Bady, Susan (1985): The voice as a curative factor in psychotherapy. Psychoanal. rev. 72: 479–490.
Bayer, Lothar (2007): Sublimierung. Zur Metapsychologie der ästhetischen Erfahrung. Psyche – Z Psychoanal 61, 516–534.
Bick, Esther (1968): The Experience of Skin in early Object-Relation. Int. Journ. Psychoanal. 49: 484–486.
Bollas, Christopher (1987): Der Schatten des Objekts. Das ungedachte Bekannte: Zur Psychoanalyse der frühen Entwicklung. Stuttgart: Klett-Cotta 2005.
Dantlgraber, Josef (2007): Über das musikalische Zuhören im psychoanalytischen Dialog. In: Oberhoff, Bernd, Leikert, Sebastian (Hg.) Die Psyche im Spiegel der Musik – Musikpsychoanalytische Beiträge. Gießen: Psychosozial-Verlag.
Freud, Sigmund (1900): Die Traumdeutung. G.W. Bd. II/III.
Freud, Sigmund (1905): Drei Abhandlungen zur Sexualtheorie. G.W. Bd. V 27.
Freud, Sigmund (1908): Der Dichter und das Phantasieren. G.W. VII, 213–233.
Freud, Sigmund (1913): Das Interesse an der Psychoanalyse. G.W. VIII, 389–420.
Freud, Sigmund (1915): Triebe und Triebschicksale. G.W. Bd. X, 247–261.
Freud, Sigmund (1915–16): Vorlesungen zur Einführung in die Psychoanalyse. G.W. Bd. XI.
Freud, Sigmund (1920): Jenseits des Lustprinzips. G.W. Bd. XIII.
Freud, Sigmund (1925): Selbstdarstellung. G.W. XIV, 31–96.
Haesler, Ludwig (2002): Psychoanalyse und Musik. In: Oberhoff, Bernd, Psychoanalyse und Musik – Eine Bestandsaufnahme. Gießen: Psychosozial-Verlag.
Klein, Melanie (1962): Das Seelenleben des Kleinkindes. Stuttgart: Klett-Cotta.
Knoblauch Stephen H. (2000): The Musical Edge of therapeutic Dialogue. New York: The Analytic Press.
Lacan, Jacques (1960): Die Subversion des Subjekts und die Dialektik des Begehrens im Freudschen Unbewussten. Schriften II, Olten: Walter, (1975).
Leikert, Sebastian (2005): Die vergessene Kunst – Der Orpheusmythos und die Psychoanalyse der Musik. Gießen: Psychosozial-Verlag.
Leikert, Sebastian (2007): Die Stimme, Transformation und Insistenz des archaischen Objekts – die kinetische Semantik. Psyche – Z Psychoanal 61: 463–492.
Leikert, Sebastian (ersch. 2008): Den Spiegel durchqueren – Die kinetische Semantik in Musik und Psychoanalyse. Gießen: Psychosozial-Verlag.
Maiello, Suzanne (1999): Das Klangobjekt. Über den pränatalen Ursprung auditiver Gedächtnisspuren. Psyche – Z Psychoanal, 53: 137–157.
Ogden Thomas H. (1995): Frühe Formen des Erlebens. Wien: Springer-Verlag.
Ogden, Thomas, H. (2001): Analytische Träumerei und Deutung – Zur Kunst der Psychoanalyse. Wien: Springer-Verlag.
Ogden, Thomas H. (2004): Gespräche im Zwischenreich des Träumens – Der analytische Dritte in Träumen, Dichtung und analytischer Literatur. Gießen: Psychosozial-Verlag.
Pflichthofer, Diana (2005): Hörräume – Klanghüllen. Die Stimme als ästhetisches Element in der analytischen Erfahrung. Forum Psychoanal. 21: 333 – 349.
Stern, Daniel N. (1985): Die Lebenserfahrung des Säuglings. Stuttgart: Klett-Cotta 2003.
Stern, Daniel N. (2005): Der Gegenwartsmoment – Veränderungsprozesse in Psychoanalyse, Psychotherapie und Alltag. Frankfurt a. M.: Brandes & Apsel.

Theweleit, Klaus (2006): Direkt-Übertragung, Live-Übertragung, 3. Körper. In: ders. Absolut(ly) Freud. Freiburg: Orange-Press.
Tustin, Frances (1989): Autistische Zustände bei Kindern. Stuttgart: Klett-Cotta.
Tustin, Frances (2005): Autistische Barrieren bei Neurotikern. Tübingen: Diskord.
Wrye, H. (1997): The Body/Mind Dialectic within the psychoanalytic Subject: Finding the Analyst's Voice. Am J Psychoanal 57, 360–369.

Joachim F. Danckwardt

Was könnten Dritte-Reich-Verfilmungen bewirken?[1]

Bis 1980 wurden international 60 Filme produziert, die sich mit Themen des Dritten Reichs, insbesondere mit dem Holocaust, beschäftigten. Bis 2003 waren es schon 442 Filme. Dabei handelt sich weniger um Dokumentarfilme, als um Filme mit Spielfilmcharakter. »Hitler sells«, besonders »Hitler« verkaufte sich in zahlreichen Premieren der letzten 4 Jahre. Die Geschäfte laufen gut. »Wird die Nazizeit zum Stoff für die Unterhaltungsindustrie und zum politischen Spielmaterial – als Folge eines kollektiven Versäumnisses«, fragte Jens Jessen am 23.09.2004 in DIE ZEIT. Oder geht es um Geschäfte, die mit Wahrheiten zu machen sind? Mitbestimmt wurde der Boom der Dritte-Reich-Verfilmungen durch die Öffnung von Archiven im Ostblock nach der Wende.

Ebenso kometenhaft, wie die Filme in das Tagesinteresse aufsteigen, verschwinden sie leider auch wieder. Was bewirken sie? Was ist ihr Ziel? Was sollen sie nicht bewirken? Was ist ihre Gefahr? Sie zwingen doch nur noch wenige vor und im Krieg Geborene sich zu erinnern. Die Mehrheit der bundesrepublikanischen Bevölkerung ist nach 1945 geboren. Einige Filme tauchen nun in psychotherapeutischen Behandlungen und in Träumen junger Menschen auf, die nach dem Krieg von Eltern geboren wurden, die ihrerseits nicht mehr Kriegskinder oder Vorkriegskinder sind. »Traumatisieren« diese Filme? Oder zeigen sie gar ungeahnte Wege einer Geschichtsverarbeitung und einer transgenerationellen Vergangenheitsbewältigung auf? Oder bewirken sie Restitutionen schwerer Beschädigungen von nationaler Identität und Narzißmus?

Historiker antworten kritisch. So kennt Peter Steinbach, Berater in Joe Baiers Filmen *Stauffenberg* und *Nicht alle waren Mörder*, das Problem der

1 Öffentlicher Vortrag für »Psychoanalytiker reden mit« am 9.5.2007 im Institut für Psychoanalyse, Tübingen, Konrad Adenauer Strasse.

Übertragung, wenn er schreibt: »*Medien produzieren* Erinnerungen. Deshalb erzählen Zeitzeugen oftmals nicht, was sie *selbst* erlebt, sondern *was sie im Fernsehen* gesehen haben« (Gangloff 2007). Mit dieser überraschenden Erkenntnis entsteht sofort eine beunruhigende Frage: Wie viel Authentizität ist denn eigentlich möglich (Ariane Krampe)? Steinbach wendet diese Beunruhigung ins Positive, nämlich mit dem Argument, daß aus dem Blickpunkt der Übertragung das Medium Spielfilm geradezu eine ungeheure Chance darstellt, »... weil man damit Geschichte *gestalten* kann«. Geschichte *gestalten* (!). Im Gegensatz dazu hat die historische Dokumentation auf »... fachliche Angemessenheit zu achten und muß die Kontroversen innerhalb der Wissenschaften spiegeln«. Und so nutzt denn Steinbach sein Engagement als Mittel zum Zweck: er übernimmt Berateraufgaben in Spielfilmen dann, wenn für seine Studenten auch Praktikumsplätze herausspringen. Diese konstruktive Haltung war unter den Historikern keineswegs selbstverständlich. Anschauliche Schilderungen[2] und die Verwendung von Filmen und Fotografien als Darstellungsmittel hatten noch 1996 dem Historiker Daniel Jonah Goldhagen den Vorwurf des Voyeurismus und der »Pornographie des Horrors« seitens der älteren Holocaustforschung eingebracht[3] (vgl. auch Hüppauf 1997, S. 526).

Mit der Frage nach der Authentizität machten Historiker auf ein weiteres Phänomen aufmerksam, auf das »Jenninger«-Phänomen. Es wurde nach dem Parlamentspräsidenten Philipp Jenninger benannt, der 1988 nach seiner Rede im Bundestag anläßlich des 50-jährigen Gedenkens an die Reichspogromnacht 1938 zurücktreten mußte (Jenninger 1988). Es bezeichnet einen systembedingten Rezeptionsfehler bei Hörern und Zuschauern. Wenn ein Autor wie Jenninger mit fiktionalisierenden Medien, mit erlebten Reden und mit erlebten Bildern, also mit syntaktisch-stilistischen Formen arbeitet, werden ihm diese Passagen häufig selber zugeschrieben, wenn es ihm nicht gelingt, die Erzählerstimme – und damit sich – deutlich genug abzugrenzen von den Figurenstimmen (Vogt 1990, S. 177). Ein Beispiel für diese Gefahr auf dem Gebiet der Medien ist der Film von Jew Kanew *Babij Jar*, 2002. Vom Rande der gleichnamigen Schlucht aus ließ der Leiter des Sonderkommandos 4a, Standartenführer Paul Blobel, annähernd 34 000 Kiewer Juden ermorden (vgl. Wildt 2002, S. 596. Todesstrafe und gehängt am 7.6.1951). Diese schier endlosen Mordtaten am 29. und 30.September 1942 wurden für den Film realistisch mit nackten

---

2 Vgl. Hans Mommsen: Die dünne Patina der Zivilisation in DIE ZEIT vom 30. August 1996, zitiert nach Paul 2002, S. 80.

3 Vgl. Ulrich Raulff: Herz der Finsternis – Daniel Goldhagens Ästhetik des Grauens in Frankfurter Allgemeine Zeitung vom 16. August 1996. Zitiert nach Paul 2002, S. 80 und 39.

Schaustellern nachgestellt. Die »Erzählbilder« sind von den historischen Bildern nicht deutlich genug abgegrenzt, die erzählende Kamera nicht genügend von den Maschinengewehren, der Regisseur nicht genügend von den Offizieren (v. Reifarth et al. 1997). Kanew benutzte keine der noch existierenden Filmmaterialien. Deren eindeutiger Zitatcharakter hätte, wie der Film *Der gewöhnliche Faschismus* (1965) von Michail Romm es meisterhaft veranschaulicht, die Verarbeitung der Mordtaten als Blut-*Rausch* ausgewiesen und der Regisseur wäre nicht der Gefahr ausgesetzt, mit den Bildern identifiziert zu werden.

Ein gegenläufiges Beispiel ist der ARD-Zweiteiler »Flucht und Vertreibung«. Zu diesem Problemkreis bemerkte der britische Historiker Ian Kershaw, in solchen Filmen wie »Die Flucht und Vertreibung« und Büchern wie Jörg Friedrichs *Der Brand*, mit dem darauf beruhenden ZDF-Spielfilm *Der Feuersturm*, aber auch mit Grass' Novelle *Im Krebsgang* über die Versenkung des Flüchtlingsschiffes »Wilhelm Gustloff« werden die Menschen zwar zu Recht und sehr präzise als Opfer von Vertreibung, Flächenbombardement und anderer grausamer, gegen die Zivilbevölkerung gerichteter Kriegsmittel gezeichnet. »Niemand würde das heute noch gutheißen«, sagte Kershaw ausdrücklich und fuhr fort: »Gleichwohl hatten die Deutschen die Möglichkeit, das zu verhindern: Bei einer *frühzeitigen* Kapitulation hätte es keine Bomben mehr gegeben. Die Opfer der Nationalsozialisten [hingegen; JFD] hatten keine Möglichkeit, ihr Leid zu beenden« (Kershaw 2007). Das Auslassen geschichtlicher Kontexte droht Filme zu enthistorisieren, statt sie durch Herstellung von Kontexten zu verarbeiten. Zum *Dresden*-Film (Richter 2005) mahnte der Bielefelder Historiker und Sozialgeschichtler Hans-Ulrich Wehler an, zuerst die Bilder von der Bombardierung Rotterdams und Warschaus durch die Deutschen zu zeigen. Denn das geschah zu einem Zeitpunkt, ehe ein alliierter Flieger über Deutschland überhaupt erst erschienen war (Wehler 2006). Auch Flucht und Vertreibung könne man nicht für verarbeitet halten, ohne auf die Umsiedelung von 800 000 Polen mit Gewalt nach Südpolen hinzuweisen. Eine weitere Gefahr ist, »Gut-Böse-Klischees« zu bedienen. Bekannt wurde es mit Steven Spielbergs *Schindlers Liste* (1993). Jüngst wurde es in »Das Leben der Anderen« fortgesetzt, in dem nicht nur das Klischee vom bösen Kommunismus und guten Deutsche bedient wird, sondern auch noch der erhoffte Wandel eines Stasi-Spitzels, der sich vom Täter zum Helfer wandelt. In Oliver Hirschbiegels *Untergang* werden »... ein mörderischer SS-Arzt sowie der technokratische Verbrecher Albert Speer zu verantwortungsethisch geläuterten Nationalsozialisten umgelogen« – so Micha Brumlik (2007), Professor am Institut für Erziehungswissenshaften der Universität Frankfurt. In Dani Levys *Mein Führer* (2007) wird ebenfalls enthistorisiert. Der Film macht nun doch wieder »... Hitler für den industriell-handwerklichen Massenmord an sechs Millionen europäischer Juden *persönlich* verantwortlich«. Gemessen am Wissensstand ist das nicht nur regressiv. Auch wird Hitler durch die Benutzung des bewährten Stilmittels der Verlächerlichung entdämonisiert.

Sechs Millionen ermordeten Juden und 12 Millionen getöteten Slawen wird ein filmisch-kollektives Stockholmsyndroms unterschoben, wenn Hitler mit verfolgten Juden im Bett liegt, sagte Brumlik, (FR 17.1.2007). Der gewitzte Filmkritiker Daniel Kothenschulte glaubt in »Mein Führer« gar ein neues Genre auf dem Gebiet der Dritte-Reich-Verfilmungen entdeckt zu haben. Levys Angriffsfläche sei eigentlich die Eichingerproduktion Der Untergang (Oliver Hirschbiegel, 2004). Dort sei eine allzu »menschelnde« Darstellung Hitlers vorgenommen worden. Deshalb parodiere Helge Schneider eigentlich gar nicht Hitler, sondern Bruno Ganz als Hitler (FR 6, 8.1.2007, S. 2). Die Wahrheit ist die: statt Hitler im Originalton einzumischen, hat Bruno Ganz ein siebenminütiges Band, das ein Tontechniker heimlich bei einem Tischgespräch Hitlers mit einem finnischen Diplomaten aufnahm, durchgearbeitet. Er hat Hitlers Sprechduktus untersucht, z.B. seine Relaxtheit und den satten ruhigen Bariton, und wie er vor Worten, die er besonders liebte – »rrrücksichtslos« – eine kurze Zäsur eingelegte. Dann hat er es mit einem Schauspieler, der in Linz, Hitlers Heimatstadt, geboren ist und Hitler in Taboris Mein Kampf schon einmal gespielt hat, trainiert. Auf diese Art und Weise hat er Hitler und seine stimmlichen Beeinflussungsprozesse begreifen und spielen gelernt, so daß im Film die Macht eines Menschen hörbar und erlebbar wird, die zuvor nie beschrieben worden war (Rodek 2004). Hitlers »Methode« war bereits durch Inszenierungen von Brechts Unaufhaltsamen Aufstieg des Arturo Ui bekannt. Aber das Berliner Ensemble hat auch mit der jüngsten Inszenierung nur Hitlers ekstatische Momente gezeigt, die übrigens schon Chaplin 1940 in der Der große Diktator in einer verblüffenden Präzision karikierte. Dank der sprachlichen Nachinszenierung von Hitlers Diktion wird in Der Untergang ein anderer Mensch Hitler vermittelt, nicht nur ein Hitler, der tremolierend-einschüchternd einbricht, sondern ein Hitler, dessen entsetzliche Verfallenheit an Realitätsverleugnung und Angewiesensein auf performierende Erschaffung fiktiver Welten sich tief eindrückt (Köpf 2005). Wir erleben, daß und wie Hitler Realitätsverleugnung überträgt, wie er seine – um eine Wortschöpfung des Goebbels-Biographen Ralf Georg Reuth zu benutzen – »mystagogischen« Prozesse auf eine militärische und politische Umwelt überträgt. Das griechische Wort »myste« bedeutet, die Lippen und Augen schließen. Wir erfahren, wie ist ein solcher Diktator-Mensch. Wie schaut er aus, wie gibt er sich, wie spricht er, wie taktiert er, kurzum: woran könnte ich ihn heutzutage erkennen?

Soweit repräsentative Antworten einiger Historiker auf die Frage, was bewirken Dritte-Reich-Verfilmungen. Auf die Bedeutung der filmischen Darstellung von Prozessen komme ich noch zurück. Was sagen nun die *Filmschaffenden* zu den aufgeworfenen Fragen? Mit dem Fernsehbeitrag *Hakenkreuz und Einschaltquote – Faszination Drittes Reich* machten Carlos Gerstenhauer und Matthias Leybrand 2004 eine Umfrage unter Regisseuren, Produzenten, Publizisten, Historikern und Journalisten, wie Henryk M. Broder, Joachim C. Fest (Vorlage zu *Der Untergang* 2004), Volker Schlöndorff (Regisseur von *Der Unhold*, 1996, und *Der neunte Tag*, 2004), Oliver Hirschbiegel (Regisseur von *Der Untergang*, 2004), Bernd Eichinger (Drehbuchautor und Produzent u.a. von *Der Untergang*, 2004) und Heinrich Breloer (Regisseur u.a. von *Speer und Er*, 2005). Sie sind sich einig: Unter der groben Oberfläche der objektiven Geschichtsschreibung lagern Steinbrüche für Geschichten. Diese unglaubliche historische Last könne man gar nicht anders »los werden« als durch Filmen. Noch zwei bis drei Generationen würden damit beschäftigt sein. Nach der Darstellung objektiver makroskopischer geschichtlicher Ereignisse, Wahrheiten und Wirklichkeiten in Fachbüchern und Fachzeitschriften scheine es schwerer denn je, einer jüngeren Generation hier und heute etwas vor Augen zu führen, was unsere Gesellschaft doch nach wie vor präge. Bei dieser Generation, die weder der Erinnerungsgeneration noch der Bekenntnisgeneration angehört, bestehe das Bedürfnis, daß solche Geschichte *sichtbar* gemacht und *veranschaulicht* werde. Geschichte wolle *lebendig erlebt*, Bewußtsein wolle *plastisch, einfühlsam* und zum *mitgehenden Verstehen* und zur *vermehrten Greifbarkeit* geweckt werden. Es gehe dabei sowohl um die dramatischen schmutzigen als auch um die großartigen Wahrheiten, die bisher noch nicht greifbar geworden und deshalb noch nie ordentlich erzählt worden seien. Kurzum: Es gehe doch vor allem um die Menschen in dieser Geschichte, denn es waren doch Menschen, die monströse Verbrechen begangen haben, und es waren Menschen, an denen sie verübt wurden. Die einen und die anderen, alle diese Menschen können nicht in Geschichtsbüchern, sondern nur als Menschen dargestellt werden. Es gehe um eine noch unbekannte menschliche Welt, die Bestandteil unserer Geschichte ist. Der Historiker-Publizist Joachim C. Fest schloß diese Liste mit einer bemerkenswerten Auffassung ab. Sie läßt sich als Leitmotiv zahlreicher Filmproduktionen erkennen. Wenn man der Geschichte auf den Grund gehen wolle, dann könne man sich »... nicht nur auf Quellen verlassen, man muß etwas aus sich selbst dazu tun. Aus dem eigenen Kopf, aus der eigenen Vorstellungsgabe [und; JFD] Einfallsvermögen. Geschichte lebendig machen, ist erklärtes Ziel des Films. Doch wieweit darf Projektion gehen?« In dieser Argumentation läßt Fest durchblicken, daß er den Funktions- und Wirkmodus des Filmschaffens und Filmbetrachtens verstanden hat und ihn in den Dienst der Wahrheit gestellt wissen will. Ich zitiere dazu den Regisseur

Elie Wiesel: »Der Rabbi von Kotsk sagte: ›Es gibt Wahrheiten, die man *mit Worten* ausdrücken kann. Tiefere Wahrheiten kann man nur *durch Schweigen vermitteln.* Auf einer anderen Ebene gibt es aber noch Wahrheiten, die nicht ausgedrückt werden können, nicht einmal durch Schweigen. Und doch müssen sie vermittelt werden. [...] Gibt es noch einen anderen Weg, eine andere Sprache, um das Unsagbare zum Sprechen zu bringen? *Vielleicht das Bild? Ist das Bild zugänglicher, formbarer und ausdrucksreicher als das Wort*« (Insdorf 2003, S. XI; Hervorhebung JFD)?

Filme können also unsagbare Geschichte hörbar und unsichtbare geschichtliche Wahrheiten und Zusammenhänge sichtbar machen, wie über die Verfolgung der Homosexuellen im Dritten Reich. Der amerikanische Dramatiker und Drehbuchautor des Bühnenstücks und Filmes *Bent* (Mathias 1999), Martin Sherman, stützte sich auf Bruno Bettelheims Buch *The Informed Heart* (1960). Der Drehbuchautor berichtet, daß es noch vor Dezember 1979 eines der best gehüteten Geheimnisse gewesen sein soll, daß 1934, ein Jahr nach der Machtergreifung in der sogenannten »Nacht der langen Messer«, auf einen Schlag 100 000 männliche Homosexuelle teils ermordet, teils in sogenannte Schutzhaft genommen wurden – Lesben übrigens nicht. Allein schätzungsweise 10 000 bis 15 000 wurden nach Dachau deportiert. Von diesen 10 000 bis 15 000 männlichen Homosexuellen haben weniger als 10 (!) überlebt. Historiker hatten sich bisher nicht mit der Materie beschäftigt. Wie sollten sie auch auf sie aufmerksam geworden sein? Wenn es nur unter 10 Überlebende gab? Und wenn Homosexuelle de jure keine Lobby hatten; Homosexualität war strafbar. Einer der führenden Filmkritiker und Herausgeber mehrer einschlägiger Bücher und Magazine, Brandon Judell, stellt einen weiteren Grund dafür heraus. Holocaust-Überlebende glaubten, daß das Gedenken an ihre geliebten Angehörigen, die sterben mußten, entwertet würde, wenn man feststellte, daß und wie viele Homosexuelle von den Nazis vernichtet wurden. Erst im Jahr 2000 gingen der Oscar-Preisträger Rob Epstein, Jeffrey Friedman und Karl Müller in dem Film *Paragraph 175*, USA, 2004, diesen Zusammenhängen nach und zeichneten die eindrucksvollen Verfolgungsschicksale von sieben Überlebenden mit der Methode der Oral History nach.

Über die sogenannten Zigeunerlager, speziell in Auschwitz und Auschwitz-Birkenau, gibt es keine zusammenhängenden filmischen Verarbeitungen. Historiker schätzen, daß insgesamt 500 000 Sinti und Roma dem nationalsozialistischen Rassenwahn zum Opfer fielen (Schmid 2001)[4].

---

4 Vgl. auch Frankfurter Rundschau 292, S. 7, 16.12.2002.

Ich kenne nur einen Film, *Perlas Traum, Erinnerungen an die ›Liliput-Truppe‹ in Auschwitz*, in dem Shahar Rozen 2000 das Überlebensschicksal kleinwüchsiger Menschen in Auschwitz am Beispiel der zehnköpfigen Artistenfamilie Ovitz aus Rumänien sichtbar macht, das durch ihre Kreativität beeinflußt wurde (v. Auerhahn & Laub 1987).

Nur ein Film beschäftigt sich umfassend damit, auf welche Art und Weise Kinder ihr Leben in den deutsche nationalsozialistischen Konzentrations- und Vernichtungslagern verlängern oder wie sie überleben konnten. In Loretta Walz' Videoproduktion *Die Frauen in Ravensbrück*, 2005, wird die über den Tag rettende Gruppenbildung unter Frauen (123 000) und Kindern (880) durch hierarchisch gestaffelte Funktionen ausführlich untersucht. Besonders ergreifen in diesem Film jene szenischen Schilderungen, die den rettenden, ja, persönlichkeitsbildenden Vorbildcharakter einiger weniger Aufseherinnen im Heer der meist grausamen Blockältesten aufscheinen lassen. In der internen Widerstandbewegung im Lager wurde die Zuständigkeit einer einzelnen Frau für je ein Lagerkind beschlossen, für das sie verantwortlich war. Durch dieses Adoptionsverfahren wurde ihr sonst sicherer Tod durch Verelendung bis Dezember 1944 verhindert; dann jedoch wurden in Bergen-Belsen 500 von 880 Kindern umgebracht.

An dieser Stelle vertiefe ich Inhalte, die nur durch Filme aus der Unsichtbarkeit der Geschichte heraus ins Sichtbare gebracht werden konnten.

1. Filme beginnen eine uralte, vom Regisseur Konrad Wolf zugespitzte Frage zu beantworten: »Wie decken wir das Geheimnis auf, wie der deutsche Faschismus es fertig brachte, in die Seele und in den Verstand von Millionen Deutschen [...] Eingang zu finden?«
2. Mit welchen Mitteln haben sich Verfolgte überhaupt noch zur Wehr setzen können?

Ich beginne mit der Frage, wie der deutsche Faschismus es fertig brachte, in die Seele und in den Verstand von Millionen Deutschen Eingang zu finden. Das ist eine Frage nach der Psychologie, die häufig genug mit einer Bandbreite zwischen Krankheitstheorien und Massenpsychologie beantwortet wurde. Es ist klar, daß es vorläufig nur Teilantworten geben kann. Kürzlich hat der Soziapsychologe Harald Welzer zu zeigen versucht, daß Tötungsbereitschaft bei harmlosen Durchschnittsmenschen erzeugt werden kann, sie kann innerhalb weniger Wochen zu einer Arbeit werden, die erledigt wird, wie jede andere Arbeit auch. Die Filmarbeit gibt eine weitere Teilantwort. Man kann sie auf einen Nenner bringen, der gewöhnlich Napoleon zugeschrieben wird: »Wer befehlen will, muß zu den Augen sprechen«. Zu den Augen, nicht zu den Ohren. Roman Polanskis Film *Der Pianist* legt mithilfe seiner Ästhetik des medialen Realismus die nationalsozialistische Psychologie der »Unbedingtheit der Tat« frei. Ein paar plakative Beispiele: Polanski formuliert in mehreren Vernichtungsszenen scheinbar einen filmischen Stilbruch. In einer Filmsequenz fragt eine junge Frau nach dem Appell: »Wohin bringen Sie uns?« Der SS-Mann Josef Blösche (Schwan 2003) gibt als Antwort der jungen Frau wortlos den bedingungslosen Schuß in den Kopf. Es kommt also nicht eine sprachliche Antwort *wie aus der Pistole geschossen, sondern die Antwort ist das Geschoß*. Sowohl in dieser Szene als auch bei zahlreichen anderen wäre mit herkömmlicher Technik ein so genannter L-Schnitt zu erwarten: kurz vor Sichtbarwerden der tatsächlichen Erschießung wird das Bild geschnitten oder zu einem Standbild eingefroren, während der Ton – der Knall – noch weiter läuft. So operieren herkömmliche Stile, nicht aber Polanski. In einer anderen Szene muß die Familie Szpilman eine nächtliche Razzia im Haus gegenüber beobachten. Schon der lauthals in der Dunkelheit ausgeführte Auftritt der Truppe erzeugt eine Camera-obscura-, bzw. Laterna-magica-Psychologie, eine Kino-Psychologie, die immer mit Blickausrichtung, Blickeinengung, Isolierung, Vereinsamung zum Einzelnen hin und Erzeugung von Empfänglichkeit beginnt, und in einer Psychologie der Aporie endet. Dies sind wichtige psychische Voraussetzungen für die nachfolgenden Prozesse. Eine Gruppe Uniformierter betritt eine Wohnung, in der eine Familie zu Tisch sitzt. Unumwunden wird »Aufstehen« befohlen, und, nachdem der an den Rollstuhl gefesselte Großvater nicht wie befohlen aufstehen kann, »Rausschmeißen« nachgesetzt. Beinahe vorauseilend packen zwei Uniformierte den Rollstuhl mitsamt Großvater und stürzen ihn haltlos über das Balkongitter. Die Kamera stürzt wie gelähmt jedem Detail bis in den Aufprall nach. Sie repräsentiert nicht nur den ohnmächtigen Ghetto-Bewohner, sondern auch den nicht einschreitenden Bürger – des Dritten Reichs und der Weimarer Republik. Denn Polanski sieht solche Szenen nur als besondere Beispiele für eine Prozeß-Psychologie des Faschismus, in der die »Sinngewalt« der situationellen Sprache, die Unbedingtheit der Tat dominiert. Es ist eine Psychologie, die die Tat über das individuelle Tun erhebt. Sie nahm schon in der Weimarer Republik ihren Anfang. Es ist weniger eine Psychologie der Angst und der Androhung. Das ist sie auch. Aber es ist vielmehr eine Psychologie der Ich- und Affektlähmung, die zu einer aporetischen Entleerung und intrusiven Auffüllung mit nationalsozialistischer Bildpraxis, mit prozeduralen Inhalten führt. Dies sind Bildprozeßidentifizierungen mit formalen szenischen Abfolgen, Handlungsabfolgen, Interaktionseinheiten, Verhaltensmerkmalen einer als Modell dienenden Bezugsperson und sie führen zur Abänderungen des Selbstschemas. Statt einer sprachlichen Antwort kommt die Handlungsantwort »Wer befehlen will, muß zu den Augen sprechen«. Das erreicht man nur mit der Herstellung von Situationen, mit Taten.

Die Psychologie der Prozeßidentifizierung ist gekoppelt an die Ideologie vom »Unbedingten Willen zur Tat«, in der nicht das individuelle Tun sondern die Tat ausschlaggebend ist. Bereits in Sebastian Haffners 1939 verfaßten *Geschichte eines Deutschen. Die Erinnerungen 1914–1933* wurde diese Phänomene zusammengetragen (S. 88). Sie waren weit verbreitet, z.B. in den Korporationen, Bünden und auch im Wandervogel; darauf basierte auch der von der Regierung Brüning forcierte freiwillige Arbeitsdienst. Hier ein Zitat des Studenten Heinz Gräfe von 1932:

> »Die Vorträge und Diskussionen, die wir über oberschlesische Fragen veranstalten, wären *ohne [... eine] Umstellung vom intellektuellen, ›raumlosen‹ Denken auf das bildhaft schauende, räumliche Erleben* nicht fruchtbar gewesen, als es eben solche Vorträge auch während des Semesters am Hochschulort sind. So aber erfaßten sie uns ganz! Oberschlesien, bisher ein romantisches Schlagwort oder ein Abschnitt im geographischen oder historischen Lehrbuch, wurde zum eindringlichen Erlebnis. Das meinen wir, wenn wir davon sprechen, dass der Student den Osten für sich erobern soll. [...] Dem Gerede von Ostnot und Osthilfe sollte eine bewußte Tat entgegengestellt werden« (Wildt 2002, S. 135; Hervorhebung JFD).
> »Wir haben *tatbereiten Einsatz* gefordert, Einordnung in die männliche Zucht des Lagers, Bereitschaft zu harter und selbstloser Arbeit. Wir haben zum Dienst aufgerufen. Dienst mit aller Disziplin und Kameradschaft, Dienst mit *völliger Zurücksetzung der Person um der Sache willen.* [...] Und nur mit solchen Appellen werden wir wieder bei der ganz jungen Generation Gehör finden. So verschieden sie sonst sein mag und wo sie auch sonst marschiert – in den politischen Sturmkolonnen, in den Bünden und Korporationen -, *gemeinsam ist ihr unbedingter Wille zum Einsatz, zur Tat. Ein neues Wollen hat das alte Denken abgelöst. Die Jugend liebt heute nicht mehr theoretische Programme, sie will Arbeitspläne und Einsatzmöglichkeiten. Die Büffler und Bücherhocker, die es gibt, sind nicht entscheidend für das Gesicht der jungen Generation. Es wird bestimmt durch diese tatbereiten, verantwortungslustigen und einsatzfreudigen Mannschaften*« (ebd., S. 136. Hervorhebung JFD).

Zehn Jahr später war Gräfe, der aus einer Leipziger Buchhändlerfamilie stammte und dessen Vater im November 1914, als Gräfe 6 Jahre alt war, in Flandern fiel, als SS-Obersturmbannführer Leiter der Gruppe Sowjetunion im Reichssicherheitshauptamt und gehörte damit zu den Verantwortlichen für den Massenmord an annähernd 34 000 Kiewer Juden innerhalb von

zwei Tagen, dessen Verfilmung durch Kanew 2003 eingangs erwähnt wurde.
In Polanskis Film steht als Beispiel für die Unbedingtheit der Tat Blösches Antwort auf die Frage: »Wohin bringen Sie uns?« *Die Szene ist ein Beispiel für die »Sinngewalt« der situationellen Sprache der NS in den punktuellen Bürgerkriegen zwischen 1919 und 1921, in den Symbol- und Terrainkämpfen zwischen 1921 und 1923, in den Zeiten politischer Gewalt zwischen 1924 und 1929 und ihrer Eskalation zwischen 1929 und 1933* (Schumann 2001) *und danach* (Reuth in Polar-DVD 2001; Axmann & Rüdiger in Polar-Film 2003; Hierl in Filmarchiv Drittes Reich 2003). Die imperativ-performative Sinngewalt dieser situationellen Sprache ließ sich sogar bis in die Tagesreste des gewöhnlichen Träumers zwischen 1933 und 1939 nachweisen (Beradt [1962] 1981). Mit einer solchen »sinnmäßigen Mitte von Sprachwelt und Bildwelt« (Wullen 1999, S. 642) und mit einer darauf gründenden »Bildmaschine« (Seeßlen 2002, S. 14) erfolgte die »Choreographie der Wirklichkeit« (Könnecker 2003, S. 323). Anstelle eines Aushandelns von Wirklichkeit entstand eine »inszenierte Realität« (Becker 1999, S. 136). Polanskis Filmästhetik des medialen Realismus bezweckt nichts anderes, als die historische Ikonographie, die Bildregie und Bildstrategie der nationalsozialistischen Lebensgestaltung in den Film als Erfahrungsgestaltung (Bätschmann 1996) erleben und auf diesen Weg der Erfahrung wissen zu lassen.

Soweit einige Teilantworten auf Konrad Wolfs Frage: »Wie decken wir das Geheimnis auf, wie der deutsche Faschismus es fertig brachte, in die Seele und in den Verstand von Millionen Deutschen [...] Eingang zu finden?« Eines der Geheimnisse sind die geschilderten Prozeßidentifizierungen. Ich komme abschließend zur zweiten Frage: Mit welchen Mitteln haben sich Verfolgte überhaupt noch zur Wehr setzen können?

Damit bin ich auf einem unglaublich dramatischen Gebiet angelangt. Die Filme räumen mit der von den Nazis geschürten Legende auf, die Verfolgten hätten sich nicht zur Wehr gesetzt. Das beginnt mit dem Nachweis z.T. erfolgreicher Aufstände und endet in hervorragenden psychologischen Erforschungen des Ineinandergreifens der die Psyche zerstörenden Strategien der Nazis und der die Psyche rettenden Strategien der Verfolgten. Es wird erst durch Filme breiter bekannt, daß es sehr wohl Aufstände gab, und – wenn sie zum Erfolg führten – wie es ihnen gelang. Da ist auf der einen Seite der Film über den Aufstand im Krematorium Nr. 4, 1944, in Auschwitz-Birkenau, *Sklaven der Gaskammer*, 2001, von Eric Fiedler. Er wurde niedergeschlagen. Über ihn konnte nur berichtet werden, weil Archäologen die Aufzeichnungen ausgruben, die die wenigen Überlebenden im Erdboden vergraben hatten, denn nach der Niederschlagung wurde jeder dritte Arbeitshäftling – wie auch in *Der Pianist* exemplarisch gezeigt – auf dem Boden liegend erschossen.

Da sind zwei Filme über das Lager Sobibor. In Sobibor wurden 250 000 Menschen vernichtet. Ohne das Buch von Richard Rashke, ohne den Regisseur des ersten Sobibor–Dokudramas *Escape from Sobibor* von 1987 von Jack Gold, ferner ohne die Recherchen von Claude Lanzmann zwischen 1976 und 1979 und sein einzigartiges 9 stündiges Werk *Shoah*, 1985, und ohne den daraus hervorgegangenen zweiten Sobibor-Film, *Sobibor, 14. Oktober 1943, 16:00* von 2001, wäre die Tatsache des erfolgreichen Widerstandes nie bekannt worden. Von 600 Gefangenen überlebten 300 das Maschinengewehrfeuer, den elektrischen Zaun und die Mienenfelder bis zum nächsten Waldrand. Denn spätere Befreier konnten in Sobibor im Gegensatz zu den Alliierten in Auschwitz nichts mehr filmen. Das Lager wurde niemals von außen befreit. Das Lager wurde im November 1943 ein Monat nach dem erfolgreichen Ausbruch von den Deutschen geschliffen. Alle Bildaufnahmen und Dokumente wurden von ihnen selbst vernichtet. Lanzman stellte in *Sobibor, 14. Oktober 1943, 16:00* dar, wie die Nazis sogar die Entstehung von akustischen Spuren bei Ohrenzeugen in der Umgebung zu verhindern wußten. Er ließ eine gewaltige Anzahl von Gänsen auf der Wiese in einem Kreis laufen und schnattern. Damit stellte er akustisch nach, wie die Deutschen die Todesschreie der Opfer übertönten. Im Film übertönt das laute Geschnatter der Gänse die Erzählstimme Yehuda Lerners, eines der drei/vier letzten Überlebenden. Mit der nachgestellten akustischen Vertuschung hob Lanzmann die Unvorstellbarkeit des Grauens und ihre Verheimlichung auf und machte die Ungeheuerlichkeit der verbrecherischen Einstellung und des methodischen Bewußtseins sicht- und hörbar.

Ob es gelang, von einem auf den nächsten Tag zu überleben, hing von zahlreichen verschiedenen Faktoren ab: von der Gruppenbildung, von der Zugehörigkeit zu Gruppierungen wie Ghettopolizei und Kapowesen, Zugehörigkeit zu Sonderkommandos, wie für die spurenbeseitigenden Exhumierung und Verbrennung der annähernd 34 000 ermordeten Juden in Babij Jar, oder zu Funktionsgruppen, wie SS-Dokumentation oder Laborarbeiten, oder wie im jüngsten Film »Die Fälscher« für Unterwanderung der internationalen Finanzmärkte. Auf die einzelnen Filme kann ich hier nicht eingehen. Ich will aber einen zentralen psychologischen Gesichtspunkt hervorheben, in den vieles eingeht. Dieser zentrale Punkt ist die Bedeutung vom *Erhalt des Subjekts*. Glaube an und Hoffnung auf den nächsten Tag und auf ein aus stundenweisen Abschnitten zusammengestücktes Überleben sind grundlegend existentielle Gefühle des In-der-Welt-Seins und des In-der-Welt-Bleibens. Als quasi religiöse Hypothek zielen sie auf Balance und Stabilisierung des Ichs und der narzißtischen Selbstwertregulation inmitten von unsagbaren Lebenserfahrungen. Diese Lebenserfahrungen werden heutzutage als *extrem chronisch- und sequentiell traumatisch* (Keilson 1979; v. Niederland 1980) verstanden. Folgende – stichpunktartig aufgezählte – Charakteristika zeichnen sie aus: Alle Formen von Objektverlust: Verlust der Körperlichkeit; Verlust einer Familie; Verlust eines ganzen Wohnortes; Verlust eines ganzen Volkes unter noch nie erlebter Formen von Wahrnehmung und Einwirkung von Gewalt und Zerstörung mit alle Sinne umfassender Überwältigung, Ich-, Affekt- und Sprachzerstörung und kaum einer Chance der sprachlichen, diskursiv oder präsentisch symbolischen Verarbeitung von Lähmung und Distorsion des (Zeit-) Erlebens und Erinnerns sowie der Isolation in Schmerz, Verzweiflung, Demütigung und verwüsteten Seelenlandschaften mit fragmentierten oder zerstörten narzißtischen Selbstkernen nach der Shoah, also nach dem Zerbrechen der Welt (»Tohu«) und nach Verhinderung der Wiederherstellung von Welt (»Tikun Haolam«) durch systematische anti-reparative und »antimonadische Destruktivität« (Kaminer 2006«) und Entzug jedweder »Inseln der Menschlichkeit im Meer des Hasses« (Hillel Klein), wie mitfühlendes In-die-Arme-Schließen und Auffangen, Beten und Thorastudium, Lesen, Aufsagen und Erzählen, schließlich Bewahren der Würde des Toten und Bewahrung rettender Seelenfunken.

Wie sollten darauf gerichtete Strategien aussehen? Nach welchen Strategien der Wiederherstellung der inneren Welt sollte man suchen? Die österreichisch-amerikanische Germanistin Ruth Klüger berichtete 1992 in ihrem Buch *Weiter leben*, wie ihr das innere Aufsagen von Gedichten half, die Qual der stundenlangen Appelle im deutschen nationalsozialistischen Konzentrations- und Vernichtungslager Auschwitz zu überstehen. Sie habe bemerkt, daß es dabei nicht so sehr um die Inhalte ging, sondern in erster Linie um die Form der inneren Beziehung zum lyrischen Subjekt, also um die Klang- und Rhythmusmuster dieser inneren Beziehung. Die innere Beziehung zum Subjekt halten oder überhaupt wiederherstellen, das war ein entscheidender Faktor für ein aus stundenweisen Abschnitten zusammengestücktes Überleben. Ruth Klügers bemerkenswerte Relativierung von Inhalten zugunsten der Schilderung von Klang- und Rhythmusmustern der inneren Beziehung zum lyrischen Subjekt verweist auf die ihnen zugrunde liegende Prozeßidentifizierung mit der Leben spendenden und monadischen Beziehung des Kindes zur Mutter und zwar am geschütztesten Ort, in der Gebärmutter. Die enterozeptive, kinästhetische und biorhythmische Prozeßerfahrung kann die zerstörten Selbstschemata reintegrieren, nicht nur beschwichtigen oder lindern. Viel früher, als die Beziehung zu Bild, Zeichen und Worten, besteht die Beziehung zu Bewegung und Geräusch, also zu Ton, Klang und Rhythmus. Das dazu erforderliche Gehör- und Gleichgewichtsorgan ist im 5. Schwangerschaftsmonat voll ausgebildet (Maiello 1995; Freud 1916–17a, S. 432; 1926d, S. 169). Ein Fötus reagiert in modernen bildgebenden Verfahren auf verschiedene Geräusche im Mutterleib (Atem, Herz, Darm) und beginnt in diesem frühen Entwicklungsstadium, den Daumen in den Mund zu nehmen und daran zu saugen. Zur gleichen Zeit gibt es noch keine anführende visuelle Orientierung. Auf diese Art und Weise entsteht – in der Bezeichnung von Anzieu (1985, S. 254) – eine »klingende Hülle« als dominante pränatale psychophysische Seinserfahrung. In Polanskis *Der Pianist* ist genau sie die Grundlage für die innere Beziehung zum musikalisch-lyrischen Subjekt, die den Seelenfunken rettet. Auch in der Musik spielt der Rhythmus die Rolle, die traumatische Distorsion des Sein- und Zeiterlebens aufzuheben und das Erleben von Wiederkehr zu affirmieren: die Grundeinheit von Musik besteht in der Bewegung von einem endenden Ton zum neu beginnenden Ton. Dies wird in Polanksis Film an verschiedenen Stellen dargestellt – übrigens wird auch ihre Perversion, nämlich die Indienststellung der Musik zur Vernichtung, wie beim swingenden Wechselspiel von Befehl und konzertiertem Stiefeltritt der in Warschau einmarschierenden deutschen Soldaten zu Beginn des Films (Danckwardt 2004, S. 78). Die Herstellung der inneren Beziehung zum musikalisch-poetischen Subjekt löst diejenige Überlebenshoffnung ab, die Szpilman in die anfängliche Gruppenbildung im Warschauer Ghetto gesetzt hatte.

Nachdem Szpilman aus dem Ghetto und damit aus einer äußerst trügerischen Gruppengeborgenheit erfolgreich herausgeschleust werden konnte und auf der Suche war nach anderen Formen des sicheren Überlebens, gerät er paradoxerweise in die totale Isolation. Eigentlich gilt die *Aufhebung von Isolation* als rettendes Muß. Alle neueren Filme der *Visual History* stimmen darin überein, daß es kein unberechenbareres Schicksal gab, als isoliert außerhalb einer Lebensgemeinschaft überleben zu müssen. Isolation ist das tödliche Gegenstück zum Seelenleben (Stein 2004). Denn die flexible Stabilität der seelischen Strukturen ist von anhaltendem Wiedererkanntwerden, von Vertrauen in Empathiebereitschaft, von überwiegendem Freisein von Verfolgungsängsten (Auerhahn & Laub 1987; Laub & Podell 1995) und Todesängsten (Aberbach 1989) sowie von einem absehbaren Ausmaß an Wartenmüssen (Altman 1957) abhängig. Je östlicher die Ghettos lagen, um so eher konnte der isolierte Überlebende eines Pogroms den Anschluß an eine neue Gruppenbildung finden, nämlich an die der Partisanen. Bekannt geworden ist dieser Sachverhalt durch filmische Interviews mit solchen

Überlebenden, die damals noch Kinder waren. In *Eyes of the Holocaust*, 2004, von Janos Szasz wird folgendes berichtet: Während die Erwachsenen in den Pogromen umkamen, gelang es einigen Kindern allein aufgrund ihrer Körpergröße, sich bis in die Nacht unter den Leichen zu verstecken und trotz dieses entsetzlichen »psychic numbing« Kontakt zu Partisanengruppen zu finden, von ihnen gerettet und identitätswiederherstellend bzw. stabilisierend zu »Kinderpartisanen« ausgebildet zu werden. In *Children from Abyss* von Pavel Chukhrai spielt ihr Wunsch nach Rache und deren Realisierung eine herausragende Rolle in der psychischen Restabilisierung. Szpilman hatte nur kurzzeitig außerhalb des Ghettos das Glück, auf Repräsentanten des musikalischen Subjekts in Warschaus Untergrund zu stoßen. Zuerst findet er seine insgeheim geliebte Dorotha wieder, die inzwischen seinen Freund Jurek geheiratet hatte, ein Kind erwartet und Warschau verlassen würde. Mit dieser Episode wird die psychologisch messianische, reparative, monadische Metaphorik von Schwangerschaften in der Verfolgung dargestellt. Danach ist er völlig allein. Später hört er in einer Wohnung neben seinem Isolations-Versteck eine linientreue Polin auf dem Klavier klimpern und sieht sich förmlich aufleben. In einem anderen Versteck lebt Szpilman über Monate erneut wie in Isolationshaft. Diesmal sieht man ihn imaginär Klavier spielen und Polanski stellt mit halluzinatorischer Eindringlichkeit dar, wie sich Szpilman mit dem musikalisch-poetischen Subjekt rettend wieder vereint. Damit erreichte er die Aufhebung der zerstörenden Macht der Isolation, die Szpilman später auch verbal bezeugte: die Macht der Vorstellung, »... wieder an einem Piano zu sitzen in einem großen Theater« voller Menschen. Die Imaginationskraft der Beseelung von Chopin erschuf und unterhielt in Szpilman ein klanglautliches, ein musikalisch-lyrisches Subjekt, mit dem er zugleich wie zu einem imaginären inneren musischen Anderen in Beziehung stand gegen die Isolation. Polanski inszeniert diese rettende innere Beziehung wie ein musikalisches Gebet für den Menschen, daß dieser auch den letzten seidenen Faden einer Überlebenshoffnung nicht entgleiten lasse. Immer wieder muß die musikalische innere Welt auch ihrerseits den Kampf bestehen mit der klanglichen Welt des Kriegslärms, beispielsweise gegen das gelb beleckende Fauchen der Flammenwerfer oder gegen Granatexplosionen mit anschließender Vertaubung – eine Katastrophe für den Musiker – oder gleich zu Beginn des Filmes gegen die Implosion des Funkhauses, die die Rundfunkübertragung seines Klavierspiels für alle Polen endgültig zum Schweigen bringt. Die Beziehung zur Imaginationskraft, zur Beseelung der Musik und dieser Art von inneren Objekten mußte auch stärker sein als die sich selbst aufgebende und verwahrlosende Wirkung des Verlusts seiner gesamten Familie auf dem Unschlagplatz. Alexander Stein hat den zahlreichen Beziehungen von Musik und Trauma eine Studie gewidmet, in der er auch auf Stuart Feders These eingeht, daß Musik schlechthin ein »simulacrum« für Leben ist (Stein 2004). Die Beziehung zum lyrisch-poetisch-musikalischem innern Objekt wird in zahlreichen Varianten filmisch sichtbar.

Mathias' Film *Bent* stützt sich auf Bettelheims Buch *The Informed Heart*. Bettelheim war als Jude 11 Monate in den späteren deutschen nationalsozialistischen Konzentrations- und Vernichtungslagern Dachau und Buchenwald. In Buchenwald war er mit dem Psychoanalytiker Ernst Federn – Sohn des bekannten Wiener Psychoanalytikers Paul Federn – zusammen und sie haben heimlich die Überlebensstrategien im KZ beobachtet, festgehalten und über die Grundlagen einer Psychologie des Terrors gearbeitet. In *Bent* hebt Max die tödliche Einzelhaft in Dachau 1934 durch Bestechung des Wachpersonals auf. Das führt ihn mit Horst wieder zusammen. Damit rettet Max auch zugleich diesen, denn Horst – mit dem Winkel als Homosexueller gezeichnet – wurde bereits durch die anderen Lagerinsassen vom Waschplatz abgedrängt. In den Lagern waren Homosexuelle vogelfrei. Nach der Zusammenführung ist es die Imaginationskraft der gegenseitigen Beseelung zweier Männer, die die innere Beziehung zum Subjekt herstellt. Die beiden Männer überstehen die sinnlosen Dauer-Appelle, in dem sie die Berührungen des jeweils Anderen in sich imaginieren, ohne daß sie sich real annäherten. In einer dramatischen Appellszene läuft die verbal installierte Imagination nach einem hin- und herschwingenden Klang- und Rhythmusmuster geradezu rituell ab. Auch das sinnlose Hin- und Herschleppen von Steinen erfolgt rhythmisch und versinnbildlicht das In-der-Welt-gehalten-Sein. »Wir sind die lebenden Steine aus der Tiefe der Höll. Wir Sklaven müssen doch glauben an Menschen und Liebe«, sang Alexander Kuliesewicz im Film »Die Sänger aus der Hölle« von Felix Kuballa. Im hinduistischen Ekstase-Kult ist dieser Prozeß, zu einer inneren Beziehung des Subjekts zu gelangen, gut bekannt. Mit seinen Ritualen lehrt Tantra, eine Personifikation der Kraft vorzunehmen, die Begegnung im intensivsten Zustand bewußter und unbewußter Konzentration zu haben und sie auf alle Bereiche des Lebens auszudehnen. Über eine imaginierte Beziehung wird so die innere Beziehung zum Subjekt hergestellt. Regisseur Sean Mathias und Drehbuchautor Martin Sherman stützten ihre Ansichten auch auf den Psychoanalytiker Bruno Bettelheim, der selber Häftling war. Sie verstehen ihre Protagonisten durchaus metaphorisch, wenn sie sagen lassen, das sei es doch, wonach sich alle Menschen im Lager sehnen: nach Liebe. Daß es sich eben nicht um krude homosexuelle Praktiken handelt, sondern um Lieben als Widerstand gegen das Töten, wird in einer der stärksten Szenen dieses

Films entwickelt, der schauspielerisch preisgekrönt wurde. Sie beginnt damit, daß die Beziehung zwischen den beiden anfänglich scheitert: Horst benötigt gegen sein seelisches Absterben eine Imagination des In-der-Welt-gehalten-Seins. Aber er bemerkt, daß Max' Imaginationen gierig-konsumatorisch werden, ja, daß sich dieser, ohne es bewußt gewollt zu haben, unbewußt schleichend mit einem Wachmann identifiziert hat, dem er eine geblasen hat, um für Horst Medikamente zu bekommen, und nun Horst mit dieser ihm verborgen gebliebenen Identifizierung zu quälen beginnt. Erst als beiden diese »Vergiftung« bewußt wird, gelingt die rettende Beseelung. Diese Szene gibt gleichzeitig eine weitere innere Konstituente des chronischen Seelenmordes preis: nämlich die einschleichende introjektive Identifizierung, der alle Verfolgten aus der Not heraus ausgeliefert waren: das später unter dem Terminus Stockholm-Syndrom geläufig wurde. Nach den im Film sichtbar gemachten hochkomplexen psychologischen Bedingungen ist deutlich, daß objektive Geschichtsschreibung derartige psychodynamische, prozeßhafte, prozedurale Geschichtsinhalte niemals auffinden und vermitteln kann. Das kann nur der Film bzw. die Literatur. Genau das meinte Fest mit dem Hinweis, wenn man der Geschichte auf den Grund gehen wolle, könne man sich »... nicht nur auf Quellen verlassen, man muß etwas aus sich selbst dazu tun. Aus dem eigenen Kopf, aus der eigenen Vorstellungsgabe [und; JFD] Einfallsvermögen. [...] Doch wieweit darf Projektion gehen?«, wenn sie nicht den Vorwurf auf sich ziehen will, den der Hamburger Politikwissenschaftler Peter Reichel mit dem unglücklichen Terminus »erfundene Erinnerung« insinnuiert?

In der DDR-Produktion von Frank Beyer, *Jakob der Lügner* von 1974, die 1944 in einem fiktiven jüdischen Ghetto nahe der deutsch-russischen Frontlinie nach dem Stillstand des deutschen Überfalls auf Rußland spielt, wurden psychologische Elemente der Hoffnungsbildung und Erhaltung sichtbar gemacht. Bei ihnen geht es um die innere Beziehung zu einem lyrischen Subjekt mit quasi religiösem Inhalt. Dessen Repräsentant war das Radio, also das gleiche Instrument, mit dem Hitler die Massen messianisch-propagandistisch aufhetzte, belog und in die Irre führte. Im Ghetto wird das Radio zu einem sakralen Instrument der Verkündung. Aber nicht nur, denn, wenn auch nur der Hauch eines Gerüchts über die Existenz eines verbotenen Radios ruchbar wurde, führte dies zu einer Alle vernichtenden Razzia. In *Der Pianist* bewirkt eine Radionachricht, daß die Engländer Deutschland den Krieg erklärt haben und die Franzosen bald nachziehen, Euphorie. Sie benebelt die Familienmitglieder, sie kümmern sich nicht weiter um – beispielsweise – Widerstand. In *Jakob der Lügner* hat Jakob durch Zufall die Radionachricht auf der deutschen Kommandantur mitbekommen, daß die Sowjets vorgerückt seien und schon in Bezanika stünden. Als er diese Nachricht streng vertraulich seinem Freund mitteilt und als dieser sie streng vertraulich seinem nächsten Freund ausgeplaudert und so fort, sinkt die hohe Selbstmordrate im Ghetto schlagartig auf Null. Die Sakralisierung der Hoffnung wird auch in einem Märchen deutlich, daß Jakob der kleinen Lina mit Hilfe einer imaginierten Radiosendung erzählt, um ihr zu beweisen, daß er ein Radio hat und daß die Hoffnung »wahr« ist. Im Märchen wird die Beschaffung einer Wolke für die todkranke Prinzessin zur Rettung. Unschwer ist zu erkennen, daß Autor und Regisseur hier auf eine messianische Bedeutung der Wolkenmetapher anspielen, die in Daniel 1,13 ausgeführt ist: »Da kam mit den Wolken des Himmels einer wie ein Menschensohn«. Nach der noch tatsächlich wahren Hoffnungsbotschaft muß Jakob in der Folge weitere erfinden. Er muß bis zur Selbstmanipulation lügen und er wird aus den Lügen nicht mehr entlassen. Solches ›Lügen‹ oder Märchen erzählen sind einige von zahlreichen Elementen, die als »Inseln der Menschlichkeit im Meer des Hasses« zur Rettung und Restaurierung der lebendigen Bereiche des Individuums und zum Herausgelangen aus dem zerbrochenen Zustand dienen. Diese kulturellen Handlungen sind in Wirklichkeit Überlebensriten – eindrucksvoll in Vojtech Jasny's *Hell on Earth* für Theresienstadt aufgezeichnet. Zwar wurden sie von den Nationalsozialisten zur Vorzeigefunktion pervertiert. Gleichzeitig hatten sie aber auch seelische Überlebensfunktion für die Deportierten, die wußten, daß sie heute jederzeit oder gleich morgen ermordet werden konnten. Das Beispiel Alexander Kuliesewicz in dem Film *Der Sänger aus der Hölle* von Felix Kuballa, 2000, beweist die erfahrungsverarbeitende Bedeutung seines dramatischen Schreibens, Komponierens und Singens für alle Deportierten im deutsch nationalsozialistischen Konzentrations- und Vernichtungslager Sachsenhausen, auch wenn er nach der Befreiung feststellen mußte: »Ich habe zwar die Nazis überlebt, aber ich habe das KZ nie verlassen«. Der Film demonstriert am Beispiel von Kuliesewicz die These, das Überleben selbst als eine Art von »Kunst« angesehen werden sollte. Es führt ein kreatives Bewältigen der Realität in der Form einer »Traumakunst« herbei (Laub & Podell 1995).

Ich komme zur Beantwortung der Frage, was bewirken Dritte-Reich-Verfilmungen. Auf der einen Seite machen sie unsichtbare Daten und Fakten sichtbar. Darunter ist es vor allem die Sichtbarmachung von psychosozialen Vorgängen und Prozessen, die bisher keine bewahrenden Erinnerungsformen gefunden hatten. Filme sind eine spezifische Form der Herstellung und Vermittlung von speziellem geschichtlichem Wissen i.S. Fests. Das gilt ganz besonders für noch unbekannte, verborgene psychologische Beeinflussungsprozesse vom Typ der Prozeßidentifizierungen. Wir wissen inzwischen, daß die Hauptrolle in Filmen stets von persönlichen Hoffnungen und Befürchtungen der Zuschauer gespielt wird (Blothner 1999). Weil das so ist, bieten Dritte-Reich-Verfilmungen als ästhetische Inszenierung

> »... das fiktionale und daher attraktive Erlebnis, in vergangene Umwelten unmittelbar eintauchen zu können mit dem Bewusstsein, weder in diesen Welten leben, noch aus ihnen direkte Anweisungen für das Handeln in der Gegenwart ziehen zu können. [... Die] unmittelbar sinnliche Präsentation von Vergangenheit [...] steht im Zusammenhang mit den individualisierten, erlebnisorientierten Erinnerungsformen der Gegenwart. [... Sie helfen] den Individuen, eine *individuelle* Identität auszubilden, die sie befähigt, in einer unsicheren und risikoreichen Zukunft handeln zu können. [... Dritte-Reich-Filme sind] erlebnisorientierte Zugänge zur Vergangenheit, bei denen wir angesichts der ästhetischen Präsentation der vergangenen Alltagswelt [...] zugleich die Probe auf unser eigenes ziviles Verhalten in der Gegenwart machen können« (Prigge 2003, Ergänzungen JFD).

Das aber gelingt nicht allein, wenn Dritte-Reich-Verfilmungen inhaltlich-sachlich korrekt sind, sondern wenn sie auch keine syntaktisch-stilistischen Fehlschlüsse generieren, mit denen die Bildregie und Bildstrategie der nationalsozialistischen Lebens- und Erfahrungsgestaltung und damit die dem Dritten Reich eigentümliche Strategie der Aufmerksamkeitslenkung, der Wahrnehmungslenkung und der Organisation des Sehens ungebrochen durchgereicht würden.

Bibliographie

Aberbach, David (1989): Creativity and survivor: The struggle for mastery. Int. Rev. Psychoanal 16: 273–286.

Altman, A. (1957): The waiting syndrom. Psychoanal. Q. 26: 508–518.

Anzieu, Didier (1985): Le Moi-Peau. Paris: Dunod, Bordas.

Auerhahn, N. & Laub, Dori (1987): Play and playfulness in holocaust survivors. Psychoanal. Stud. Child 42: 45–58.

Bätschmann, Otto (1996): Der Künstler als Erfahrungsgestalter. In: Stöhr, Jürgen 1996, S. 248–281.

Becker, Lutz (1999): Die inszenierte Realität. Filmpropaganda im Dritten Reich. In: Ausstellungskatalog Nationalgalerie Berlin: Das XX. Jahrhundert. Ein Jahrhundert Kunst in Deutschland. Berlin: Staatliche Museen zu Berlin – Preußischer Kulturbesitz, S. 135–136.

Beradt, Charlotte ([1962] 1981): Das Dritte Reich des Traumes. Frankfurt a. M.: Suhrkamp.

Bettelheim, Bruno (1960): The Informed Heart: Autonomy in a Mass Age. Glencoe Ill.: The Free Press. Deutsch: Aufstand gegen die Masse. Die Chance des Individuums in der modernen Gesellschaft. 1980.

Blothner, Dirk (1999): Erlebniswelt Kino. Über die unbewußte Wirkung des Films. Bergisch-Gladbach: Bastei-Verlag.

Brumlik, Micha (2007): Im Bett mit Adolf. Zu Levys Film *Mein Führer*. Frankfurter Rundschau 17.01.2007.

Danckwardt, Joachim (2004): Ästhetik des medialen Realismus gegen die Verleugnung des Zivilisationsbruchs. Polanskis Stellung in der Genealogie der Holocaust-Verfilmungen: *Der Pianist*. Psychoanalyse im Widerspruch 16: 65–82.

Freud, S. (1916–1917a): Vorlesungen zur Einführung in die Psychoanalyse. GW 11.

Freud, S. (1926d): Hemmung, Symptom und Angst. GW 14: 111–205.

Gangloff, T. P (2007): Medien produzieren Erinnerungen. Frankfurter Rundschau 67: S. 18 20.03.2007).

Haffner, Sebastian (2002): Geschichte eines Deutschen. Die Erinnerungen 1914–1933. Stuttgart/München: Deutsche Verlagsanstalt.

Hüppauf, Bernd (1997): Der entleerte Blick hinter der Kamera. In: Heer, Hannes, und Klaus Naumann (Hg): Vernichtungskrieg. Verbrechen der Wehrmacht 1941 bis 1944. Frankfurt: Zweitausendeins. 1997, 504–527.

Insdorf, Annette (2003): Indelible Shadows. Film and the Holocaust. Third Edition. Universities Press: Cambridge.

Jenninger, Philipp (1988): http://www.mediaculture-online.de.

Jessen, Jens (2004): Was macht Hitler so unwiderstehlich? DIE ZEIT 23.09.2004.

Kaminer, Isidor (2006): Tikun Haolam – Wiederherstellung der Welt. Über-Leben nach der Schoah. Forum Psychoanal 22: 127–144.

Keilson, Hans (1979): Sequentielle Traumatisierung bei Kindern. Deskriptiv-klinische und quantifizierend-statistische follow-up Untersuchung zum Schicksal der jüdischen Kriegswaisen in den Niederlanden. Stuttgart: Ferdinand Enke.

Kershaw, Ian & Schlüter, Christian (2007): Interview mit Ian Kershaw: Deutsche Opfer, aber kein Opfervolk. Frankfurter Rundschau 01.03.2007.

Klüger, Ruth (1992): Weiter leben. Eine Jugend. Göttingen: Wallstein.

Könneker, Carsten. (2001): »Auflösung der Natur – Auflösung der Geschichte«: Moderner Roman und NS-»Weltanschauung« im Zeichen der theoretischen Physik. Stuttgart/Weimar: Metzler.

Köpf, G. (2005): Hitlers psychogene Erblindung. Geschichte einer Krankenakte. Nervenheilkunde 24: 783–790.

Kothenschulte, Daniel (2007): Lachen gegen den wohligen Schauer. Frankfurter Rundschau 09.01.2007.

Laub, Dori & Podell, Daniel (1995): Art and trauma. Int. J. Psychoanal. 76: 995–1005.

Maiello, Suzanne (1995): The sound object: a hypothesis about prenatal auditory experience and memory. J Child Psychother 21. deutsch in Psyche 1999, 53, 137–153.

Niederland, William G. (1980): Folgen der Verfolgung: Das Überlebenden-Syndrom. Frankfurt am Main: Suhrkamp.

Paul, Gerhard (2002): Die Täter der Shoah. Fanatische Nationalsozialisten oder ganz normale Deutsche. Dachauer Symposien zur Zeitgeschichte, Band 2. Göttingen: Wallstein.

Prigge, Walter (2003): Bauhaus, Brasilia, Auschwitz, Hiroshima: Modernität und Barbarei. Berlin: Jovis Verlag.

Reichel, Peter (2004): Erfundene Erinnerung. Weltkrieg und Judenmord in Film und Theater. München: Hanser.

Reifahrth, D. & Schmidt-Linsenhoff, V. (1997): Die Kamera der Täter. In: Heer Hannes. & Naumann Klaus (Hg.) (1997), S. 475–503.

Reuth, Ralf Georg (2000): Goebbels. Eine Biographie. München: Piper.

Rodek, Hanns-Georg (2004): »Die Diktion ist mir verfügbar geworden«. Ein Gespräch mit Bruno Ganz über den *Untergang*. DIE WELT, 11.9.2004, S. 27.

Seeßlen, Georg (2002): Die Seele im System. Roman Polanskis »*Der Pianist*« oder: Wie schön darf ein Film über den Holocaust sein? In: DIE ZEIT, Nr. 44 vom 24. Oktober 2002.

Schmid, Harald (2001): Erinnern an den »Tag der Schuld«. Das Novemberprogrom von 1938 in der deutschen Geschichtspolitik. Hamburg: Ergebnisse-Verlag.

Schumann, Dirk (2001): Politische Gewalt in der Weimarer Republik 1918–1933. Kampf um die Straße und Furcht vor dem Bürgerkrieg. Essen: Klartextverlag.

Stein, Alexander (2004): Music and trauma in Polanski's The pianist (2002). Int. J. Psychoanal. 85: 755–765.

Stöhr, Jürgen (1996): Ästhetische Erfahrung heute. Köln: DuMont.

Vogt, Jochen (1990): Aspekte erzählender Prosa. UTB: Fink.

Wehler, Hans-Ulrich & Urbe, Wilfried (2007): *Rotterdamm, Warschau!* Hans-Ulrich Wehler zum Boom der Zweite-Weltkriegs-Filme. Frankfurter Rundschau 241 17.10.2006.

Welzer, Harald, Michaela Christ (2005): Täter. Wie aus ganz normalen Menschen Massenmörder werden, Frankfurt a. M.: Fischer.

Wildt, Michael (2002): Die Generation der Unbedingten. Das Führungskorps des Reichsicherheitshauptamtes. Hamburg: Hamburger Edition.

Wullen, Moritz (1999): Das Deutsche als ästhetische Unmöglichkeit. In: Ausstellungskatalog Nationalgalerie Berlin: Das XX. Jahrhundert. Ein Jahrhundert Kunst in Deutschland. Berlin: Stattliche Museen zu Berlin – Preußischer Kulturbesitz, S. 634–644.

Filmographie

Beyer, Frank (1974): Jakob der Lügner. Icestorm DEFA.

Chaplin, Charly (1940): Der große Diktator.

Chukhraj, Pavel (2004): Children from Abbyss. In: Spielberg et al. 2004.

Epstein Rob, Jeffrey Friedman und Karl Müller (2004): Paragraph 175. ARD.

Fiedler, Eric (2001): Sklaven der Gaskammer. SWR.

Filmarchiv Drittes Reich (2003): Männer und Maiden- Geschichte des Arbeitsdienstes.

Frey Christian und Sebastian Dehnhardt (2007): Flucht und Vertreibung.

Gerstenhauer, Carlos und Matthias Leybrand (2004): Hakenkreuz und Einschaltquote – Faszination Drittes Reich. ARD.

Gold, Jack (1987): Escape from Sobibor.

Hirschbiegel, Oliver (2004): Der Untergang.

Jasny, Vojtech (2004): Hell on Earth. In: Spielberg et al. 2004.

Kanew, Jeff (2003): Babij Jar. Das vergessene Verbrechen. GalileoMedienAG. DVD 822338–1.

Kuballa, Felix (2000): Der Sänger aus der Hölle. WDR.

Lanzmann, Claude (1985): Shoah.

Lanzmann, Claude (2001): Sobibór, 14.Octobre 1943, 16 Heures.

Levy, Dani (2006): Mein Führer – Die wirklich wahrste Wahrheit über Adolf Hitler. Deutschland.

Mathias, Sean (1999): Bent. GB.

Polanski, Roman (2003): Der Pianist (2002). DVD Deluxe Edition Universum Film GmbH atlas pictures. 82876 50039 9.

Polar-DVD (2001): Europa in Flammen. Die Friedensjahre 1933–1939.

Polar-Film (2003): Die Geschichte der Hitlerjugend.

Rozan, Shahar (2000): Perlas Traum. Erinnerungen an die ›Liliput-Truppe‹ in Auschwitz. ARD.

Richter, Roland Suso (2005): Der Feuersturm.

Romm, Michail (1965): Der gewöhnliche Faschismus. Icestorm DVD 19297.

Schwan, Heribert (2003): Der SS-Mann Josef Blösche. Leben und Sterben eines Mörders. WDR-Dokumentation.

Spielberg, Steven (1993): Schindlers Liste.

Spielberg, Steven und Survivors of the Shoa Visual History Foundation (2004): Broken Silence. Fünf Filme, fünf Länder, fünf Visionen. Universal Pictures Germany. DVD 822 386 1.18.

Szasz, Janos (2004): Eyes of the Holocaust. In: Spielberg et al., 2004.

Henckel von Donnersmark, Florian (2006): Das Leben der Anderen. DVD Z4A/Z4S.

Walz, Loretta (2005): Die Frauen in Ravensbrück.

2007 · 198 Seiten · broschiert
ISBN 978-3-89806-743-0

Lebensformen und Familien befinden sich im Wandel. Gerhard Bliersbach sieht dies als »ungeplantes Experiment der Evolution der Lebensformen«. Dazu gehört als Normalfall der Moderne die Auflösung alter familiärer Gefüge und deren Zusammensetzung in neuen Konstellationen. Eine davon ist die Patchwork-Familie, in der sich Partner mit leiblichen und nichtleiblichen Kindern zu einer gemeinsamen Lebensform entschließen. Das Buch beschreibt ein sehr typisches Patchwork-Familiensystem: die Mutter, deren Kinder, den Stiefvater und ein gemeinsames leibliches Kind.

2007 · 250 Seiten · broschiert
ISBN 978-3-89806-820-8

Horst-Eberhard Richter gibt eine grundlegende und umfassende Darstellung der Familientherapie basierend auf der Psychoanalyse. Anhand authentischer Krankengeschichten und Behandlungsbeispielen illustriert der Autor die Chancen dieses Heilverfahrens, weist aber zugleich auf mögliche Schwierigkeiten hin. Das Buch richtet sich nicht nur an Angehörige sozialpädagogischer Berufsgruppen, sondern darüber hinaus an ein interessiertes Laienpublikum.

Rezensionen

Renate Hochauf: Frühes Trauma und Strukturdefizit – ein psychoanalytisch-imaginativ orientierter Ansatz zur Bearbeitung früher und komplexer Traumatisierungen. Kröning: Asanger, 2007, 290 S.

In den letzten Jahren hat das Thema der Folgewirkungen von Traumatisierungen innerhalb der Psychoanalyse und der Tiefenpsychologie ein großes Interesse gefunden. Ein Fortschritt war die Charakterisierung eines posttraumatischen Belastungssyndroms (PTBS), die Langzeitwirkungen an unverarbeiteten psychologischen Traumatisierungen genauer charakterisierte. Die Forschung zentrierte zunächst vor allem auf die Folgewirkungen von Akuttraumatisierungen, dann aber auch auf die Folgewirkungen von Traumatisierungen in der Kinder- und Jugendzeit. Besondere methodische Schwierigkeiten bereitet die Erfassung von Folgewirkungen von Traumatisierungen aus der vorsprachlichen Zeit. Hierzu hat die Autorin Renate Hochauf, eine Psychoanalytikerin aus Altenburg/Thür. bei Leipzig, die über eine Ausbildung in katahtym-imaginativer Psychotherapie und Kompetenzen in körpertherapeutischen und gestalttherapeutischen Techniken verfügt, in den letzten 15 Jahren eine spezifische traumatherapeutische Methodik entwickelt, die sie, abgesehen von einigen kleineren Veröffentlichungen, bisher überwiegend in Seminaren, Workshops und Weiterbildungseinheiten vermittelt hat, unter anderem auch über längere Zeit in Heidelberg. Diese trafen auf eine große Resonanz, weil durch die differenzierte Methodik eine wirkliche Erfassung frühester Traumen und deren therapeutische Bearbeitung zugänglich wurden.

Obwohl die Methode im Wesentlichen schon Ende der 90er Jahre fertig ausgebildet und erprobt war, hat sich die Autorin weitere Jahre Zeit gelassen, um die Darstellung, insbesondere in ihrem psychoanalytischen Hintergrund und im Rahmen der weiteren psychotraumatologischen Forschung im Einzelnen zu verorten und zu begründen. Es wird die entsprechende Literatur sehr differenziert und kenntnisreich zu der neuen Methodik in Bezug gesetzt.

Der systematische Ausgangspunkt ist das »Schema zum Verlauf einer traumatischen Episode«: Bei einer traumatischen Einwirkung kommt es unterschiedlich rasch zur Dissoziationen der Selbstwahrnehmung mit selektiver Überwachheit für Außenreize, bis ein Schockzustand eintritt und es am sogenannten Abschaltpunkt zu einem Zusammenbruch des Erlebens mit Depersonalisation kommt, während dessen die traumatische Handlung fortgeht und körperliche Notprogramme das Überleben sichern. Nach dem

Ende der traumatischen Handlung kommt es zu einem Wiedereintritt in das Erleben bei gleichzeitiger Amnesie für das Geschehene, so daß auch das Ende der traumatischen Handlung nicht registriert wird. Die Geschehnisse zwischen Abschaltpunkt und Wiedereintritt in das Erleben sind lediglich subkortikal gespeichert, wesentlich im Körpergedächtnis. Wenn in späteren Lebensphasen die traumatische Erfahrung durch Triggerreize aktiviert wird, können Elemente der subkortikalen Speicherungen ohne Zugang zur damaligen Situation wieder erlebens- oder verhaltenswirksam werden. Parallel dazu überlagern Speicherungen aus der Täter-Opfer-Interaktion mit entsprechenden Bedrohungs- und Rettungsmomenten die aktuelle Situation. Diese können dann in fixen Übertragungen in Erscheinung treten. Eine bedeutsame Klärung ist, daß der Kern der Traumatisierungen auf einer vorsymbolischen Stufe der Abbildung aktiviert wird, weshalb symptomatische Körperreaktionen oder Verhaltensweisen als Wiederholungen der damalig konkreten Eindrucksspeicherung zu sehen sind. Die Aktivierungen von Traumen laufen auch nicht über Symbole, sondern über sogenannte »analoge« Gestaltungen oder Auslösereize. Dann kann es zu einer Zeitfusion kommen und ursprüngliche Elemente der traumatischen Situation können wieder in Erscheinung treten. Vorsprachliche Traumatisierungen haben im Gegensatz zu späteren eine grundsätzliche Beeinträchtigung der psychischen Kern-Struktur zur Folge. Das Weltbild wird durch das traumatische Ereignis geprägt. Das sind also die Grundelemente des traumatischen Geschehens.

Die Autorin entwickelt nun ihre theoretischen und praktischen Rahmenvorstellungen in drei Teilen mit jeweils 3–4 Kapiteln.

Der erste Teil ist der Strukturpathologie gewidmet. Dazu stellt die Autorin fest: »Die Notwendigkeit, die frühen Überlebensmechanismen erster Traumata bereits in die sich entwickelnde Ich-Struktur einzubauen, schafft eine Selbstorganisation, die a priori die Funktion eines traumakompensierenden Schemas hat. Dieses erfährt im Zuge nachfolgender Traumatisierungen seine weitere Ausformung, färbt aber bereits strukturimmanent die Umgebungserfahrung des jungen Kindes existentiell ein.« Dabei ist bedeutsam, daß traumatische Einwirkungen in der vorsprachlichen Zeit nicht, wie andere in dieser Zeit gemachte Erfahrungen, nachträglich symbolisch verarbeitet werden können, sondern ereignishaft aufgezeichnet bleiben. Hier findet die klassische Psychotherapie ihre Grenze, insofern sie darauf angewiesen ist, daß sich die frühe Beziehungsdynamik neurotischer Patienten symbolisch reflektieren läßt. Daraus ergibt sich das Problem, wie sich präsymbolische Ereignisse oder »präsymbolische Repräsentanzen« therapeutisch zugänglich machen lassen. Man geht heute davon aus, daß in der vorsprachlichen Zeit Interaktionssequenzen ganzheitlich oder »amodal« gespeichert werden. Solche Speicherungen von Interaktionssequenzen, Körperbildern und Eindrucksqualitäten können auch schon für die vorgeburtliche Zeit und die Geburt angenommen werden. In dieser Weise werden auch frühe traumatische Ereignisse gespeichert, wobei der sie begleitende Schock eine Verdrängungsbarriere aufbaut. Bei schwereren Traumen kommt es zu einer Fixierung des Erlebnisabrisses in der Struktur, wobei die dissoziierten Wahrnehmungsanteile subkortikal gespeichert sind und deshalb nicht in spätere Erfahrungssysteme symbolisierbar und integrierbar sind. Hierauf bezogene Eindrucksreize heften sich an spätere Ersatzkonstellationen, wodurch ein inneres »Trauma-Analogon« geschaffen wird. So kann sich eine Geburtsangst als phobische Angst an einen beliebigen geschlossenen Raum »anhängen«. Dieser wird zum »Analogon« der Geburtsangst mit einer unmittelbaren Abbildungsqualität und nicht einer symbolischen Qualität. Hochauf hat hierfür den Begriff der »Analogiebildung« entwickelt. Diese Analogiebildungen haben traumakompensatorische Funktion und beziehen sich auf die Abschaltstelle der Traumahandlung: Ihre Aufgabe besteht darin, den real lange vergangenen Fortgang des traumatischen Geschehens, dessen Ende aber psychisch nicht repräsentiert ist, über Kontroll- und Stabilisierungsmechanismen intrapsychisch nachträglich zu »verhindern« und eine scheinbar kontrollierbare »Beendigung« des im Erlebens im Heute zu erreichen.

Wenn keine frühen traumatischen Einwirkungen vorliegen, dann können problematische Interaktionserfahrungen später integriert werden. Bestehen aber traumatische Erfahrungen, dann »... können kumulative Interationserfahrungen, die eine große assoziative Nähe zu Traumen aufweisen, ebenfalls traumabezogen eingefärbt werden. Sie können dann wie ein Vorwarnsystem wirken und die Dissoziation prophylaktisch in Gang setzen ... Als derartige kumulative »Bindungsanalogien« können sich z.B. »die verschlingende Mutter«, »die böse Brust«, »keinen Halt haben«, »ins Leere fallen«, »den Boden unter den Füßen verlieren«, »Anklammern«, »Erdrückt werden«, »sich Zerrissen fühlen«, »von der Angst ergriffen werden« u.ä. erweisen. Insofern können schwere Bindungsstörungen auch als traumakompensatorisches Schema gesehen werden, dessen Beziehungsabriss einem zeitlich davor liegenden frühen Trauma geschuldet ist. Die »Bindungsstörung« kann in diesem Falle als Versuch gelten, die traumatische Bezogenheitsverletzung so zu balancieren, daß die Abwehr der »darunter« liegenden Traumafixierung nicht gefährdet wird«. Auch die als Spaltung bezeichneten borderlinetypischen Abwehroperationen versteht die Autorin als »Nachbearbeitungsversuch früher Traumatisierungen«, wobei sie sich auch auf Fischer & Riedesser und Reddemann & Sachsse bezieht.

Die genannten, zunächst vielleicht abstrakt klingenden Zusammenhänge werden an kasuistischen Beispielen sehr konkret illustriert.

Dabei ist bedeutsam, daß abgespaltene traumatische Erfahrungen, die eine strukturelle Störung zur Folge haben, durch eine besondere Übertragungsdynamik charakterisiert sind. Es kommt nicht zu einem symbolischen Objektbild, sondern zu Übertragungsspaltungen, die sowohl das dissoziierte Erleben des Traumas als auch die Verbotsprägungen des Aggressors enthalten und Reifung blockieren. Um solche Übertragungen aufzulösen ist es notwendig, »... den realen damaligen Kontext im Kontrast zur aktuellen therapeutischen Beziehungssituation – in episodischer Konkretheit – zu explorieren«. Darum ist es in der therapeutischen Situation bei der Bearbeitung von traumatischen Erfahrungen zentral, daß die aktuelle Beziehungsebene immer aufrecht erhalten bleibt in Abgrenzung zur Ebene der traumatischen Erfahrungen und ihrer Repräsentanzen. Hochauf verwendet hier den Ausdruck der »Parallelisierung«. Besondere Aufmerksamkeit verdienen fixe Täter-Introjekte und Opfer-Identifikationen. Solche Übertragungen aus Traumata beinhalten eine fragmentierte Personenwahrnehmung und sind im Kern präsymbolischer Natur, da sie kein ganzheitliches Beziehungsabbild repräsentieren.

In Bezug auf die projektive Identifizierung hatte bereits Lichtenberg ausgeführt, daß häufig »keine Phantasien projiziert werden, sondern unbewusst gebliebene, sensomotorisch-prozedural organisierte Charaktereigenschaften agiert werden, die sich in einer pathologischen Eltern-Kind-Beziehung herausgebildet haben und in dem passiv Erlittenen aktiv inszeniert werden«. Eine solche Übertragungssituation, die mit Gefühlen von Ohnmacht, Hilflosigkeit, Kontaktabbruch usw. assoziiert ist, kann zu einem Teil als »Aufzeichnung der Täter-Opfer-Interaktion« verstanden werden, als »agierte Aggression als Interaktionsabdruck des Aggressors«. In solchen Fällen bildet die projektive Identifizierung nicht das »eigene Aggressionspotential ab, sondern das des Täters, geprägt im Eindrucksgedächtnis des Kindes. Letzterem ist eine Aggression an dieser Stelle des Traumageschehens nicht mehr möglich, denn es befindet sich in der Schockstarre«. Eine solche Sicht hat bedeutsame Folgen: »Deutet man Aggressionen aus einer solchen Übertragungssituation als eigene Impulse des Patienten, unterstützt man in diesem Fall ungewollt eine Besetzung mit Täter-Implantaten und -Introjekten. Eine Deutung der Täter-Opfer-Interaktion und der Zuordnung der destruktiven Impulse zum Reaktionsspektrum des Aggressors macht dagegen eine innere Distanzierung sowohl von Implantaten als auch von dem Opfer-Kind möglich.«

Weitere bedeutsame Aspekte von Übertragungen aus Traumata sind Helferübertragungen aus der Erfahrung des nachtraumatischen Helfers, mit der sich Hoffnungen auf Rettung verbinden und die Ansatzpunkte einer positiven Übertragung bieten, aber später auch als Rettungsillusionen bearbeitet werden müssen. Hiervon können Übertragungsregressionen aktiviert werden, und im umgekehrten Falle bei negativen Helfererfahrungen Übertragungswiderstände. In solchen Fällen können Interpretationen und Konfrontationen als »Täteraggression« erlebt und deshalb zur Retraumatisierung werden. Jeder Klärungsversuch kann als Demütigung oder Entwertung empfunden werden. Dies kann ein Hintergrund von negativen therapeutischen Reaktionen sein. Die Zusammenhänge der »analogen Übertragungsqualität« werden im Buch wieder an einem Fallbeispiel konkret erläutert.

Ich habe diesen ersten Teil des Buches ausführlicher erläutert, um die besondere Qualität und Tragweite des traumabezogenen Behandlungskonzeptes deutlich zu machen. Aus Platzgründen können die Inhalte der beiden weiteren Teile nur kursorisch benannt werden. Im zweiten Teil geht es um die »Methodischen Aspekte der Trauma-Arbeit: Beziehung – Technik – Prozess«. Leitlinie ist dabei folgende Aussage: »Das Kernproblem jedes Trauma orientierten Vorgehens besteht darin, eine wahrnehmungs-verankernde Zeitachse zu schaffen, damit aktuelle Situationen und Personen (also auch der Therapeut) nicht anhaltend Teil der Täter-Opfer-Dynamik werden. Nur so lassen sich Übertragungen aus traumatischen Erfahrungen von der Aktualbeziehung trennen. Die Zeitachse entsteht durch die Erarbeitung der Übertragungen im dazu gehörigen Kontext«. Da Traumata nur aus einer sicheren Position heraus bearbeitbar sind, ist die genannte Parallelisierung bedeutsam und eine Stärkung der Erwachsenenrepräsentanz mit der Stärkung des Gefühls für Zeitfusionen bzw. des Gefühls für die Zeitachse.

In der Traumatherapie spielt der sogenannte »sichere Ort« eine bedeutsame Rolle. Dabei ist jedoch zu beachten, daß es im Traumageschehen zu sogenannten »Rettungsillusionen« kommt, die eine illusionäre Sicherheit suggerieren. Besonders bei früh traumatisierten Patienten können solche Imaginationen eines sicheren Ortes also solche unreflektiert Traumazusammenhänge aktivieren und eher regressionsfördernd wirken, da sie dissoziative Vorgänge aus frühen Nah-Tod-Erlebnissen beinhalten können, wie wir dies auch aus religiösen und politik-utopischen Zusammenhängen kennen. Deshalb sollte bei früh traumatisierten Patienten als ein Sicherheit gebender Schutzraum die Wahrnehmungsankerung im aktuellen Jetzt-Raumes gesucht werden.

Im dritten Teil geht es um »Erfahrungen zum Therapieverlauf«, wobei ein konkretes Modell des therapeutischen Prozesses entwickelt wird. Am Anfang steht die »Kompensationsphase« mit dem Aufbau einer Arbeitsvereinbarung. Es folgt die Darstellung der vom katathymen Bilderleben abgeleiteten Imaginationstechnik zur Traumabearbeitung, wie die Autorin sie entwickelt hat. Imagination scheint in besonderer Weise geeignet, vorsprachliche Inhalte dosiert zugänglich zu machen, wenn nicht symbolisch interveniert wird. Hinzu kommen andere Techniken aus der Gestalttherapie, der Körpertherapie und der Traumatherapie. Eine Kombination dieser Techniken ermöglicht eine »kontrollierte Regression« und eine »Arbeit am Trauma-Schema«, also dem Zusammenbruch des Erlebens mit Erlebensabriß und dem späteren Wiedereintreten in das Erleben. All dies wird an Fallbeispielen konkretisiert, so daß man das therapeutische Vorgehen gut nachvollziehen kann. Dem kann dann die Arbeit an einer ersten Traumaintegration folgen, wodurch es zu einer Stabilisierung einer kompensatorischen Neubalance kommen kann. Erst dann, üblicher Weise nach einer Therapiepause, folgt der abschließende Schritt einer wirklichen Ablösung aus der zentralen Dissoziation. Hierbei ist die Bearbeitung der Über-Ich-Formation bedeutsam, um »die separierten Kind-Repräsentanzen aus den Traumata langfristig in die Erwachsene-Biographie zu integrieren, sich von schädigenden Introjekt-Abbildungen zu distanzieren«. Es gilt: »Die Gespaltenheiten des Täters als sein Problem zu begreifen, dem das Kind nachfolgen musste, wenn es überleben wollte.«

Für die Einschätzung der Bedeutung des Buches und der Relevanz einer solchen traumabezogenen Arbeit ist die Einschätzung der Häufigkeit von frühen Traumatisierungen bedeutsam. Die Zahlen zur Häufigkeit sexualisierter Gewalterfahrungen bewegen sich nach Reddemann und Sachsse zwischen 19% und 33%. Bei einem Häufigkeitsanteil sexuellen Mißbrauchs an männlichen Kindern und Jugendlichen zwischen 4% und 8%. Dabei wird eine hohe Dunkelziffer angenommen. Körperliche Gewalt in Form von Züchtigungen und Schlägen waren noch in die Mitte des letzten Jahrhunderts eher die Regel und haben in den letzten Jahrzehnten deutlich abgenommen. Traumatisierungen im frühen Alter in Form von Gewalt gegen das ungeborene Kind, Mißhandlungen im Säuglings- und Kleinkindalter, Vernachlässigungen, frühem sexuellem Mißbrauch usw. sind eine, wie Frau Hochauf schreibt, »bis heute unterschätzte und mit hoher Dunkelziffer behaftete Quelle prägender Primärerfahrungen«. Doch finden diese frühen Traumatisierungen in der letzten Zeit ein zunehmendes öffentliches Interesse. Lapidar stellte ein Gerichtsmediziner jüngst fest, früher wurden auch täglich Kinder umgebracht, aber es hat sich niemand dafür interessiert, wie sich auch niemand früher – wie ich hinzufügen möchte – für die Folgewirkungen von Verprügeln von Kindern interessiert hat. Früheste Traumatisierungen vor und während der Geburt, um deren Erfassung sich besonders primär und körpertherapeutisch orientierte Therapieansätze verdient gemacht haben, beginnen erst ganz allmählich ins Blickfeld der psychotherapeutischen Community zu kommen. Auch ihre Bedeutung und Häufigkeit wird nach meiner Einschätzung eher unterschätzt. Man darf vermuten, daß nach Erfindung der Pille, Abtreibungsversuche, die bis dahin ganz weit verbreitet waren, abgenommen haben. Geburten sind zwar einerseits sehr viel sicherer geworden, andererseits aber durch eine große Zahl von in unterschiedlichem Ausmaß traumatisch wirkenden Interventionen belastet. Auch hier steht eine Würdigung und Wertung im Einzelnen noch weitgehend aus.

Insgesamt kann aber gesagt werden, daß wegen der Empfindlichkeit, Hilflosigkeit und Abhängigkeit des Kindes vor, während und nach der Geburt und in der vorsprachlichen Zeit die Möglichkeit von Traumatisierungen erheblich ist und genauere Schätzungen für die therapeutische Praxis bedeutsam wären.

Die frühere Psychoanalyse war in Bezug auf die therapeutischen Möglichkeiten bei präödipalen Störungen eher skeptisch. Melanie Klein und ihre Schule, insbesondere Bion, haben hier neue Möglichkeiten eröffnet, wobei aber die traumatogene Komponente der Symptomatik und der Beziehungsstörung nach meinem Eindruck nicht voll erfaßt wurden. Die von Bion beschriebenen Beta-Elemente könnten in dem von Hochauf entwickelten Verständnis als traumatogene subkortikal gespeicherte sensomotorische präsymbolische Elemente aufgefaßt werden, die nur über eine erweiterte therapeutische Methodik erfaßbar und integrierbar wären. Es bleibt die Frage, ob das, was Melanie Klein als schizoide Position oder Bion als Urkatastrophe benannt haben, heute nicht genauer als Traumaschock verstanden werden kann. Für mich beantwortet das Buch von Renate Hochauf diese Frage in einem positiven Sinne, und insofern wünsche ich dem Buch eine breite Diskussion zur Stärkung der therapeutischen Kompetenz und Einflußmöglichkeiten im Rahmen der Psychoanalyse und der tiefenpsychologisch fundierten Psychotherapie. Auch für das von Gerd Rudolf entwickelte Konzept einer »stukturbezogenen Psychotherapie« könnten die traumabezogen methodischen Aspekte eine wertvolle Ergänzung sein. Auch die Diskussion zu den Widersprüchen zwischen der Kleinianischen Perspektive und der Perspektive der »traumabezogenen Psychotherapie« nach Rudolf bei der Behandlung von Patienten mit strukturellen Defiziten, bzw. frühen Störungen könnte durch die Einbeziehung der Gesichtspunkte aus der traumabezogenen Psychotherapie nach Hochauf eine klärende Vertiefung erfahren, weil manches an der Schwierigkeit dieser Diskussion aus der ungenügenden Einbeziehung der Dynamik des frühen Traumas und der begleitenden Schockzustände hat.

Was von der Autorin gar nicht entfaltet wird, ist die kollektivpsychologische oder psychohistorische Dimension ihrer Klärungen zu den Folgewirkungen von frühen Traumatisierungen. Da Traumatisierungen in der Sozialisation kollektives Schicksal sind, früher mehr und heute vergleichsweise weniger, können auch die gesellschaftlichen Vorgänge und auch der historische Prozeß als Verarbeitungen von diesen Sozialisierungstraumatisierungen verstanden werden, wie dies die Psychohistorie in den letzten Jahren entwickelt hat. Für diese Forschung ist das Buch von Hochauf eine wertvolle und noch zu erschließende Ressource.

Ludwig Janus (Heidelberg)

Veranstaltungen

Mai:

Veranstaltung: 55. Jahrestagung der Vereinigung Analytischer Kinder- und Jugendlichen-Psychotherapeuten (VAKJP)
Thema: Heimat – Illusion und Wirklichkeit
Ort & Zeit: Hamburg, 1.–4. Mai 2008
Auskunft: Tagungsagentur Heike Müßner, Im Krummen Sieke 33, 30419 Hannover, Tel 0511 783931/33, Fax 0511 78932, www.vakjp.de

Veranstaltung: Jahrestagung der Sektion Analytische Gruppenpsychotherapie im DAGG
Thema: Wohin mit der Gruppenanalyse?
Ort & Zeit: Göttingen, 2.–4. Mai 2008
Auskunft: Dr. med. Angelika Berghaus, Johnsallee 65, 20146 Hamburg, Tel. 040 46776138, Fax 040 46776137, aberghaus@t-online.de

Veranstaltung: Eine Pfingstwoche mit fünf Arbeitsgruppen in St. Gilgen am Wolfgangsee
Thema: Freudianische Liebhabereien: Geschichte und Gegenwart
Ort & Zeit: St. Gilgen am Wolfgangsee, 12.–16. Mai 2008
Auskunft: Thomas Aichhorn, Gentzgasse 125/13, A–1180 Wien, thomas.aichhorn@chello.at

Veranstaltung: 13. Suchttherapietage
Thema: Was wirkt wirklich? Evidenz und Erfahrung in der Suchtarbeit
Ort & Zeit: Hamburg, 13.–16. Mai 2008
Auskunft: Kongreßbüro »Suchttherapietage 2008«, Zentrum für Interdisziplinäre Suchtforschung ZIS, Klinik für Psychiatrie (UKE), Martinistr. 52, 20246 Hamburg, kontakt@suchttherapietage.de, www.suchttherapietage.de

Veranstaltung: Tagung im Asklepios Fachklinikum Tiefenbrunn, 37124 Rosdorf
Thema: Schwierige Situationen in Einzeltherapie und Beratung – Interaktion und Antwort
Ort & Zeit: Rosdorf, 16. Mai 2008

Auskunft: Kathrin Bornschein, Fax 0551 5005–301, k.bornschein@asklepios.com, www.asklepios.com/Tiefenbrunn/

Veranstaltung: DPG-Jahrestagung
Thema: Psychoanalyse im Zeichen der Globalisierung. Struktur und Identität im Wandel
Ort & Zeit: München, 22.–25. Mai 2008
Auskunft: DPG-Geschäftsstelle, Tel. 030 84316152, geschaeftsstelle@dpg-psa.de, www.dpg-psa.de

Veranstaltung: Workshop der European Association of Transcultural Group Analysis/Association Européenne pour l'Analyse Transculturelle de Groupe (EATGA–AEATG)
Thema: Never leave anyone alone in the boat – The Transcultural Group Beyond Belonging.
Ort & Zeit: Marsala (Sizilien). 22.–25. Mai 2008
Auskunft: workshop.eatga2008@libero.it oder: Prof. Giuseppe Ruvolo. Dipartimento di Psicologia, Viale delle Scienze, Edificio 15, 90128 Palermo (Italien)

Veranstaltung: 10. Workshop am Seminar für Gruppenanalyse Zürich (SGAZ)
Thema: Sehen und gesehen werden in Gruppen
Ort & Zeit: Zürich, 24.–25. Mai 2008
Auskunft: Sekretariat SGAZ, Quellenstr. 27, CH–8005 Zürich, Tel. +41 (0)44 2718173, Fax +41 (0)44 2717371, sgaz@bluewin.ch, www.sgaz.ch

Veranstaltung: Fortbildung mit Phyllis Klaus, MFT, CSW
Thema: The Use of Hypnosis and Psychotherapy to Alleviate the Medical and Psychological Symptoms of Pregnancy and the Perinatal Period
Ort & Zeit: München, 27.–29. Mai 2008
Auskunft: PD Dr. med. Karl Heinz Brisch, LMU – Klinikum der Universität München, Campus Innenstadt – Dr. von Haunersches Kinderspital, Kinderklinik und Poliklinik, Pädiatrische Psychosomatik und Psychotherapie. Pettenkoferstr. 8a, 80336 München, Tel. 089 5160–3709, Fax 089 5160–4730. Rückfragen: Dr. Christine Kern, Tel. 089 5160–3775

Veranstaltung: 4. Klinische Tagung der Deutschen Gesellschaft für Sexualforschung (DGfS)

Thema: Sex, Lügen und Internet – Neue Medien @ therapeutische Beratung
Ort & Zeit: Münster, 30. Mai – 1. Juni 2008
Auskunft: Programm und Anmeldung: www.dgfs.info

Veranstaltung: Internationales Symposium. Deutsch-französischer psychoanalytischer Dialog
Thema: »Von allen guten Geistern verlassen?« – Aggressivität in der Adoleszenz. Psychodynamik, Medien, Milieu und Kultur
Ort & Zeit: Berlin, 30. Mai – 1. Juni 2008
Auskunft: Univ.-Prof. Dr. Bernd Ahrbeck, Achim Perner, Ulrike Fickler-Stang, Humboldt-Universität zu Berlin, Philosophische Fakultät IV, Institut für Rehabilitationswissenschaften, Unter den Linden 6, 10099 Berlin. ulrike.fickler-stang@staff.hu-berlin.de, www.adoleszenztagung08.de

Juni:

Veranstaltung: Fortbildung mit Prof. Beatrice Beebe (New York)
Thema: The Origins of Disorganized Attachement & Forms of Intersubjectivity in Infant Research and Adult Treatment
Ort & Zeit: München, 31. Mai – 1. Juni 2008
Auskunft: PD Dr. med. Karl Heinz Brisch, LMU – Klinikum der Universität München, Campus Innenstadt – Dr. von Haunersches Kinderspital, Kinderklinik und Poliklinik, Pädiatrische Psychosomatik und Psychotherapie. Pettenkoferstr. 8a, 80336 München, Tel. 089 5160–3709, Fax 089 5160–4730.

Veranstaltung: 2. Winnicott Symposion
Thema: Das Spiel in der analytischen Psychotherapie – Seine Bedeutung für die Entwicklung, Psychopathologie und Behandlung
Ort & Zeit: Hannover, 13.–14. Juni 2008
Auskunft: Dr. med. Michael Kögler, Geibelstr. 104, 30173 Hannover, Tel. 0511 80049713, dr.koegler@winnicott-institut.de, www.winnicott-institut.de. Information und Anmeldung: TagungsAgentur Heike Müßner, Im Krummen Sieke 33, 30419 Hannover, Tel. 0511 783931, Fax 0511 783932, TA_Muessner@web.de

Veranstaltung: Silser Studienwoche für Kinder- und Jugendlichenanalyse

Ort & Zeit: Sils-Maria, Schweiz, 14.–21. Juni 2008
Auskunft: Frau Attianese, sara.attianese@silserwoche.eu., www. silserwoche.eu

Veranstaltung: Überregionale Weiterbildung in analytischer Psychosentherapie
Ort & Zeit: München, 14.–15. Juni 2008
Auskunft: Akademie für Psychoanalyse und Psychotherapie e.V. München, Schwanthalerstr. 106/III, 80339 München, Tel. 089 506000, baur@psychoanalyse-muenchen.de, www.psychoanalyse-muenchen.de

Juli:

Veranstaltung: Kongreß, veranstaltet vom Institut für Psychotherapie und Medizinische Psychologie der Universität Würzburg, in Zusammenarbeit mit der Fränkischen Weiterbildungsgemeinschaft für Psychotherapeutische Medizin und Psychotherapie (FPM), der Deutschen Gesellschaft für anthropologische und daseinsanalytische Medizin, Psychologie und Psychotherapie (DGA) und dem Institut für Psychoanalyse und analytische Psychotherapie.
Thema: Depression: Klinik, Ursachen, Therapie
Ort & Zeit: Würzburg, 11.–12. Juli 2008
Auskunft: Institut für Psychotherapie und Medizinische Psychologie der Universität Würzburg, Klinikstraße 3, 97070 Würzburg, H. Lehmann, Tel. 0931 312713, Fax: 0931 316080, G. Endres, Tel. 0931 312070, psychotherapie@mail.uni-wuerzburg.de, www.uni-wuerzburg.de/psychotherapie

September:

Veranstaltung: 3. Internationale Deutschsprachige Psychoanalytische Tagung, ausgerichtet von den schweizerischen, österreichischen und deutschen IPV-Gesellschaften
Thema: Abwehr, Widerstand und Angst vor Veränderung
Ort & Zeit: 11.–14. September 2008
Auskunft: DPG-Geschäftsstelle, Tel. 030 84316152, geschaeftsstelle@dpg-psa.de, www.dpg-psa.de

Veranstaltung: 59. DGPT-Jahrestagung 2008
Thema: Die Fähigkeit allein zu sein: Zwischen psychoanalytischem Ideal und gesellschaftlicher Realität
Ort & Zeit: Bonn, 19.–21. September 2008
Auskunft: Deutsche Gesellschaft für Psychoanalyse, Psychotherapie, Psychosomatik und Tiefenpsychologie (DGPT) e. V., Johannisbollwerk 20, 20459 Hamburg; Tel.: (040) 319 26 19; Fax: (040) 319 43 00; E-Mail: psa@dgpt.de; http://www.dgpt.de/

Veranstaltung: 6. Kongreß des Bundesverbandes Psychoanalytische Paar- und Familientherapie (BvPPF).
Ort & Zeit: Hamburg, 26.–28. September 2008
Auskunft: www.bvppf.de

Veranstaltung: Internationale Tagung zu Ehren von Alexander Mitscherlich.
Thema: Ambivalenz des medizinisch-technischen Fortschritts
Ort & Zeit: Frankfurt, 26.–29. September 2008
Vorläufiges Programm: www.sfi-frankfurt.de

Oktober:

Veranstaltung: 5th Annual Conference »Conversation Analysis and Psychotherapy
Thema: The Business of Interpretation
Ort & Zeit: Göttingen, 9.–11. Oktober 2008
Auskunft: www.lboro.ac.uk/departments/ss/CA_Conference/draft%20poster3.html oder ulrich@streeck.net

Veranstaltung: Potsdamer Symposium von DPV, DPG und VAKJP
Thema: Kinder in der Krippe – Chancen und Risiken
Ort & Zeit: Potsdamer, 10.–11. Oktober 2008
Auskunft: Franziska Henningsen, c/o geschäftsstelle@dpv-psa.de

Veranstaltung: Fortbildung mit Dipl. Psych. Elke Garbe
Thema: Traumatherapie mit Kindern und Jugendlichen – »Innere Kindarbeit«
Ort & Zeit: München, 11.–12. Oktober 2008

Auskunft: PD Dr. med. Karl Heinz Brisch, LMU – Klinikum der Universität München, Campus Innenstadt – Dr. von Haunersches Kinderspital, Kinderklinik und Poliklinik, Pädiatrische Psychosomatik und Psychotherapie. Pettenkoferstr. 8a, 80336 München, Tel. 089 5160–3709, Fax 089 5160–4730

Veranstaltung: 16. Internationale Wissenschaftliche Tagung des Netzwerks Eßstörungen
Thema: Eßstörungen/Eating Disorders
Ort & Zeit: Alpbach, Tirol/Österreich, 16.–18. Oktober 2008
Auskunft: Netzwerk Eßstörungen, Templstr. 22, A–6020 Innsbruck, Tel. +43 512 576026, Fax +43 512 583654, info@netzwerk-essstoerungen.at, www netzwerk-essstoerungen.at

Veranstaltung: Fortbildung mit George Downing, Ph.D. (Paris)
Thema: Körperorientiertes Vorgehen bei der Stabilisierung traumatisierter Patienten
Ort & Zeit: München, 17.–19. Oktober 2008
Auskunft: PD Dr. med. Karl Heinz Brisch, LMU – Klinikum der Universität München, Campus Innenstadt – Dr. von Haunersches Kinderspital, Kinderklinik und Poliklinik, Pädiatrische Psychosomatik und Psychotherapie. Pettenkoferstr. 8a, 80336 München, Tel. 089 5160–3709, Fax 089 5160–4730

Veranstaltung: 7th Delphi International Psychoanalytic Symposium
Thema: Psychoanalysis and Ideologies
Ort & Zeit: Delphi, Greece 24.–28. Oktober 2008
Auskunft: Scientific Secretariat, Ms. Eleni Vouga, Department of Psychiatry, University of Patras, 26504 Rion/Greece, Fax +302610 994534, secretariat@med.upatras.gr, www.med.upatras.gr/delphi

Veranstaltung: Internationale Arbeitstagung mit David Bell (London) anläßlich des 90. Geburtstages von Hanna Segal
Thema: Destruktivität – theoretische Konzeptualisierung und klinische Aspekte
Ort & Zeit: Stuttgart, 25. Oktober 2008
Auskunft: Sekretariat der Abteilung für Psychosomatische Medizin (Frau Sailer), Robert-Bosch-Krankenhaus, Auerbachstr. 110, 70376 Stuttgart, Tel. 0711 8101–3017, Fax 0711 8101–3084, heinz.weiss@rbk.de, www.rbk.de

November:

Veranstaltung: Symposium zum Abschluss der Ringvorlesung »Krankheitsbilder aus Lacanscher Sicht«
Thema: Psychische Strukturen und klinische Formationen. Das Subjekt des Unbewußten, Sprache, Begehren und Trieb im psychoanalytischen Diskurs
Ort & Zeit: Frankfurt, 8. November 2008
Auskunft: www.dpg-frankfurt.de

Veranstaltung: Überregionale Weiterbildung in analytischer Psychosentherapie
Ort & Zeit: München, 15.–16. November 2008
Auskunft: Akademie für Psychoanalyse und Psychotherapie e.V. München, Schwanthalerstr. 106/III, 80339 München, Tel. 089 506000, baur@psychoanalyse-muenchen.de, www.psychoanalyse-muenchen.de

Veranstaltung: Herbsttagung der DPV
Ort & Zeit: Bad Homburg, 19.–22. November 2008
Auskunft: www.dpv-psa.de

2007 · 323 Seiten · broschiert
ISBN 978-3-89806-590-0

Salman Akhtar untersucht die Auswirkungen, die eine Immigration auf die Identität eines Individuums haben kann. Gleichzeitig gibt er Psychoanalytikern und Therapeuten wertvolle Hilfestellungen für den Umgang mit eingewanderten Patienten und forciert eine größere Anerkennung dieses Teilbereichs der Psychoanalyse.

2007 · 489 Seiten · gebunden
ISBN 978-3-89806-834-5

Führende Psychoanalytiker entwickeln aus klinischer, theoretischer, gesellschaftlich-kultureller und historischer Perspektive eine Standortbestimmung der aktuellen Psychoanalyse. Dabei steht die Reflexion aus deutscher Sicht 60 Jahre nach dem Ende des Nationalsozialismus, der die Psychoanalyse in die Emigration zwang, im Vordergrund. André Green, Anne-Marie Sandler und Rolf Sandell analysieren die Situation zusätzlich aus einem internationalen Blickwinkel.

PsV
Psychosozial-Verlag

Goethestr. 29 · 35390 Gießen · Tel. 0641/9716903 · Fax 77742
bestellung@psychosozial-verlag.de
www.psychosozial-verlag.de

Filmkalender:

Psychoanalytiker/innen diskutieren Filme

Berlin

Veranstalter: Berliner Psychoanalytisches Institut, Karl-Abraham-Institut, Körnerstraße 11, 10785 Berlin, Tel. (030) 26554918; sekretariat@bpi-psa.de und Arbeitsgemeinschaft für Psychoanalyse und Psychotherapie e. V. in Berlin (A. P. B.)
Ort: *Kino in der Brotfabrik*, Caligariplatz (Prenzlauer Promenade), 13086 Berlin, Tel.: (030) 4714001
Information: www.apb.de

Bonn

Veranstalter: Psychoanalytische Arbeitsgemeinschaft Köln-Düsseldorf; www.psa-kd.de; sekretariat@psa-kd.de
Ort: *Rheinisches Landesmuseum*, Colmanstraße 14–16, 63115 Bonn; jeweils freitags 20:15 Uhr
Information und Kartenreservierung: Bonner Kinemathek, Tel. (0228) 478489

Bremen

Veranstalter: gruppe film/psychoanalyse/kritik
Ort: *Kommunalkino Bremen/Kino* 46. Tel. (0421) 3876731
Information: FPK@gmx.de bzw. info@kino46.de

Düsseldorf

Veranstalter: Akademie für Psychoanalyse und Psychosomatik Düsseldorf und Black Box Filmtheater

Ort: *Filmtheater Blackbox*, Schulstraße 4, 40213 Düsseldorf (Altstadt); jeweils freitags um 19.00 Uhr. Kartenreservierung unter (0211) 8992490
Information: www.akademie-psychoanalyse.duesseldorf.de; www.psychoanalyse-duesseldorf.org/ipsa/01-09.htm

Frankfurt am Main

Veranstalter: Institut für Psychoanalyse der DPG Frankfurt am Main
Ort: Kino *Mal Seh'n*, Andlerflychtstraße 6, 60318 Frankfurt am Main
Information: Sekretariat des Instituts für Psychoanalyse unter (069) 747090; Institut@dpg-frankfurt.de

Freiburg im Breisgau

Veranstalter: Psychoanalytisches Seminar Freiburg
Ort: *Kommunales Kino* im alten Wiehrebahnhof
Information: PSF-Sekretariat@t-online.de; kino@freiburger-medienforum.de;
Dr. Otto Beckmann, Tel. (0761) 796630

Gießen

Veranstalter: Institut für Psychoanalyse und Psychotherapie, Ludwigstraße 73, 35392 Gießen, Tel. (0641) 74527
Ort: *Heli Kino*, Gießen. Zeit: jeder 2. Montag, 20.00 Uhr;
Information: H. Schimpf, Breiter Weg 53, 35440 Linden, Tel. (0641) 72712;
h.schimpf @t-online.de

Hannover

Veranstalter: Lehrinstitut für Psychoanalyse und Psychotherapie Hannover (DPG),
Geibelstraße 104, 30173 Hannover. www@psychoanalyse-hannover.de; L-DPG@onlinehome.de; Tel. (0511) 804790

Ort: *Kommunales Kino Hannover*, Sophienstraße 2, 30159 Hannover; monatlich mittwochs 18.00 Uhr
Informationen: www.koki-hannover.de

Heidelberg

Veranstalter: Institut für Psychoanalyse und Psychotherapie Heidelberg-Mannheim, Psychoanalytisches Institut Heidelberg-Karlsruhe (DPV), Heidelberger Institut für Tiefenpsychologie
Ort: *Gloria Filmtheater*, Hauptstraße, 69117 Heidelberg; jeweils am 4. Mittwoch des Monats, 20.00 Uhr. Kartenreservierung Tel. (06221) 253119
Information: www.psychoanalytische-ressourcen.de/ipp/; www.hdka.dpv-psa.de sowie www.hit-heidelberg.de

Reihe »Filmklassiker tiefenpsychologisch betrachtet« in der Kinomathek im Heidelberger Institut für Tiefenpsychologie, Alte Bergheimerstraße 5, 69115 Heidelberg, jeweils am ersten Mittwoch um 20.00 Uhr
Information: www.hit-heidelberg.de

Kassel

Veranstalter: Alexander-Mitscherlich-Institut, Karthäuser Straße 5a, 34117 Kassel, Tel. (0561) 779620
Ort: *Bali Kino* (Hauptbahnhof); jeweils sonntags um 11.30 Uhr
Information: Annegret Mahler-Bungers, Heckenmühle, 34326 Morschen; mahler-bungers@t-online.de

Kiel

Veranstalter: John-Rittmeister-Institut für Psychoanalyse, Psychotherapie und Psychosomatik, Tel. (0431) 8886295; john-rittmeister-institut@t-online.de
Ort: *Kommunales Kino in der Pumpe*, Haßstraße 22, 24103 Kiel; jeweils montags 20.30 Uhr
Information und telephonische Kartenvorbestellung: (0431) 96303

Köln

Veranstalter: Psychoanalytische Arbeitsgemeinschaft Köln-Düsseldorf; www.psa-kd.de; sekretariat@psa-kd.de
Ort: *Off Broadway Kino Köln*, Zülpicher Straße 24, 50574 Köln; jeden 2. Sonntag im Monat 15.30 Uhr
Kartenreservierung im Kino, Tel. (0221) 8205733 oder (0221) 232418.

Leipzig

Veranstalter: Sächsisches Institut für Psychoanalyse und Psychotherapie; spp-leipzig@t-online.de
Ort: *Passagekinos*, Hainstraße 19a, 04109 Leipzig; jeweils 19.30 Uhr
Information: Tel. (0341) 9615301

Lübeck

Ort: *Kommunales Kino*
Information: Dr. Hanna Petersen, Hundestraße 26, 23552 Lübeck, Tel.: (0451) 5823350; H.Petersen@t-online.de

Mannheim

Veranstalter: Institut für Psychoanalyse und Psychotherapie Heidelberg-Mannheim, Alte Bergheimerstraße 5, 69115 Heidelberg, Tel. (06221) 658936 und Psychoanalytisches Institut Heidelberg-Karlsruhe (DPV), Vangerowstraße 23, 69115 Heidelberg, Tel. (06221) 167723 (Internetadressen siehe Heidelberg)
Ort: *Kommunales Kino Cinema Quadrat* im Collini Center, Mannheim; jeweils sonntags 19.30 Uhr; info@cinema-quadrat.de; www.cinema-quadrat.de

Osnabrück

Ort: *Cinema Arthouse*, Osnabrück, sonntags 11.00 Uhr
Informationen: eva.nasner @t-online.de

Saarbrücken

Veranstalter: Das Saarländische Institut für Tiefenpsychologie
Ort: *Filmhaus*, Mainzerstraße 8. Zeit: zu den angegebenen Terminen jeweils um 19.30 Uhr
Information: www.filmhaus-saarbruecken.de sowie über Frau Ch. Pop, c.pop@gmx.de

Stuttgart

Veranstalter: Institut für Psychoanalyse Stuttgart/Tübingen, Konrad-Adenauer-Straße 23, 72072 Tübingen
Ort: *Kommunales Kino*, Friedrichstraße 23 A, 70174 Stuttgart; jeweils sonntags 18.00 Uhr
Information: www.agstue.dpv-psa.de; info@koki-stuttgart.de, www.koki-stuttgart.de

Tübingen

Veranstalter: Institut für Psychoanalyse Stuttgart/Tübingen
Ort: *Studio Museum Tübingen*; jeweils mittwochs 20 Uhr
Information: J. F. Danckwardt, Im Buckenloh 2, 72070 Tübingen, jfdanckwardt@t-online.de und über Studio Museum, Semesterfilmspiegel

2004 · 304 Seiten · gebunden
ISBN 978-3-89806-168-1

Mit der Metapher der »toten Mutter« beschreibt André Green nicht deren realen Tod, sondern die Erfahrung des Kindes mit einer innerlich abwesenden, depressiv zurückgezogenen Mutter. Zur Veranschaulichung der aus dieser Konstellation resultierenden psychischen Defizite des Kindes spricht er von den »psychischen Löchern« einer »weißen Depression«.

Ausgehend von dieser frühkindlichen Erfahrung widmet sich Green der Entwicklung des Narzissmus und tritt an, nicht ausgearbeitete Gedanken der Freudschen Narzissmustheorie aufzunehmen und weiterzudenken. Dabei bezieht er sowohl die Klassiker zum Narzissmus von Kernberg und Kohut in seine Überlegungen mit ein, wie auch weitere renommierte Theoretiker der Psychoanalyse: Bion, Klein, Lacan und Winnicott. Green gelingt es, die Pole des Narzissmus – Lebensnarzissmus und Todesnarzissmus – neu und nachhaltig ins Blickfeld zu rücken.

André Green
Der Kastrationskomplex
Bibliothek der Psychoanalyse
Psychosozial-Verlag

2007 · 179 Seiten · gebunden
ISBN 978-3-89806-810-9

André Greens Buch über den Kastrationskomplex gliedert sich in drei Teile. Der erste beschreibt biologische und anthropologische Aspekte der realen Kastration. Der zweite Teil stellt die Entdeckung des Kastrationskomplexes bei Freud vor und entwickelt die zentrale, theoretische Bedeutung, die er in Freuds Lehre der psychosexuellen Entwicklung des Menschen erhält. Im dritten Teil werden, über Freud hinausgehend, in einer Auseinandersetzung vor allem mit Melanie Klein und Jacques Lacan gegenwärtige Perspektiven aufgezeigt.

PsV
Psychosozial-Verlag

Goethestr. 29 · 35390 Gießen · Tel. 0641/9716903 · Fax 77742
bestellung@psychosozial-verlag.de
www.psychosozial-verlag.de

Autorinnen und Autoren dieses Heftes

Helmut Däuker, Dr. phil., Dipl. Psych., Psychoanalytiker in eigener Praxis in Mannheim. Dozent am Institut für Psychoanalyse und Psychotherapie Heidelberg-Mannheim (DGPT) und am Heidelberger Institut für Tiefenpsychologie (HIT). Buchveröffentlichung: *Bausteine einer Theorie des Schmerzes. Psychoanalyse, Neuropsychologie, Philosophie.* (2002); Veröffentlichungen in Fachzeitschriften und Büchern zum Themenbereich: Psychoanalyse, Neurobiologie, Philosophie, Ethik.

Anschrift:
Dr. Helmut Däuker
Werderstraße 36
68165 Mannheim
E-Mail: H.Daeuker@t-online.de

Joachim F. Danckwardt, Dr. med., choreographische, psychiatrische, psychotherapeutische und psychoanalytische Ausbildungen. Berufspolische Tätigkeiten. Psychotherapeut in der kassenärztlichen Versorgung, Berater an Kliniken und Lehranalytiker und Supervisor DPV/IPA. Betreibt praxisbegleitende Erkundungsforschung mit Schwerpunkt psychotherapeutische, psychoanalytische, kreative Prozesse. Zuletzt erschienen: *Der Einriß in der Beziehung des Ichs zur Außenwelt und seine Performance als Restitutionsversuch*. Jahrbuch der Psychoanalyse (2006), Band 53, S. 11–27.

Anschrift:
Dr. med. Joachim F. Danckwardt
Im Buckenloh 2
72070 Tübingen
E-Mail: JFDanckwardt@t-online.de
Homepage: www.danckwardt.de

Peter Giesers, Dipl.-Psych., Psychoanalytiker (DPG/DGPT) und Gruppenanalytiker (DAGG), Coach und Supervisor, niedergelassen in eigener Praxis in Köln, Dozent am Institut für Psychoanalyse und Psychotherapie Düsseldorf, Dozent am Institut für Psychodynamische Organisationsentwicklung und Personalmanagement (POP) sowie Geschäftsführer des Instituts für Analytische Gruppenpsychotherapie und Gruppendynamik Düsseldorf (IAGD). Interessenschwerpunkte: Psychotraumatologie, Kunst- und Kulturpsychologie, Geschichte und Wissenschaftstheorie der Psychoanalyse. Veröffentlichungen u.a. zu den Konzepten des Wiederholungszwangs und der Historisierung (in:

J. Hüttmann und P. Giesers (Hg.), *Politisches Trauma, Schuld, Scham und Erinnerung: Intergenerationale Transformationen*, Zeitschrift für Politische Psychologie, 12, 3+4/2004); jüngste Veröffentlichung: P. Giesers, *Omnia Vanitas – Die Todessehnsucht in Kunst, Psychologie und Behandlung*, in: J. Junglas (Hg.), *Tödliche Gedanken – Prävention und Therapie der Suizidalität*, Bonn 2007.
Anschrift:
Peter Giesers
Merlostr. 4
50668 Köln
E-Mail: peter.giesers@koeln.de
Homepage: http://www.petergiesers.de

Ludwig Janus, Dr. med., Jg. 1939, Psychoanalytiker und Psychotherapeut in eigener Praxis in Heidelberg. Veröffentlichungen zur pränatalen Psychologie und zur Psychohistorie, Mitglied verschiedener Fachgesellschaften, u. a. »Der Deutschen Psychoanalytischen Gesellschaft« (DPG) (www.dpg-psa.de), der »Internationalen Studiengemeinschaft für Pränatale und Perinatale Psychologie und Medizin« (ISPPM) (www.isppm.de) und der »Deutschen Gesellschaft für Psychohistorische Forschung« (DGPF) (www.psychohistorie.de).
Anschrift:
Dr. med. Ludwig Janus
Zähringerstr. 4
69115 Heidelberg
E-Mail: Lujanus@aol.com
Homepage: http://www.ludwig-janus.de

Sebastian Leikert, Jg. 1961, Dr. en Psychanalyse, Dipl. Psych. Psychoanalytiker. Niedergelassen in freier Praxis in Karlsruhe. Forschungsprojekte zu Therapieprozessen. Arbeiten zur Methodik und Begründung psychoanalytischer Forschung. Symposium Musik und Psyche, jährlich seit 2001. Veröffentlichungen zu bildender Kunst, Literatur und Musik. Buchveröffentlichung: *Die vergessene Kunst – Der Orpheusmythos und die Psychoanalyse der Musik*.
Anschrift:
Dr. Sebastian Leikert
Sophienstr. 164
76135 Karlsruhe
E-Mail: s.leikert@web.de

Werner Pohlmann, Jg. 1948, Diplom-Psychologe, Psychoanalytiker in freier Praxis in Köln, Dozent und Lehranalytiker der DGPT und DPG am Institut für Psychoanalyse und Psychotherapie Düsseldorf, Interessenschwerpunkte sind Wissenschaftstheorie und Wissenschaftsgeschichte.
Anschrift:
Werner Pohlmann
Berrenrather Str. 186
50937 Köln
E-Mail: wpohlmann@aol.com

Gerhard Schneider, Dr. phil., Dipl.-Psych., Dipl.-Math., Psychoanalytiker in eigener Praxis in Mannheim. Lehranalytiker der Deutschen Psychoanalytischen Vereinigung (DPV) und am Institut für Psychoanalyse und Psychotherapie Heidelberg-Mannheim (DGPT); z. Zt. stellv. Vorsitzender der DPV. Arbeitsschwerpunkte: Identität und Internalisierung, psychoanalytische Behandlungstechnik, Psychoanalyse von Bildender Kunst und Film. Bücher: *Affirmation und Anderssein* (1995), *Internalisierung und Strukturbildung* (1995, Hg. zus. mit G.H. Seidler), Psychoanalyse und bildende Kunst (Hg., 1999). Zahlreiche Veröffentlichungen in Büchern und Fachzeitschriften, u. a.: *Die Zukunft? Plädoyer für eine atopische Grundhaltung in der Psychoanalyse – mit einem Exkurs zu Melvilles Bartleby* (Psyche, 56, 2003); *Die Gefahr der Heilung – Psychische Veränderung als tödliche Gefahr* (Jahrbuch der Psychoanalyse, 51, 2005), *Ein »›unmöglicher Beruf‹« (Freud) – zur atopischen Grundlegung der psychoanalytischen Behandlungstechnik und ihrer Entwicklung* (Psyche, 59, 2006). *Ein »›unmöglicher Beruf‹« (Freud) – das aporetische Prinzip in der psychoanalytischen Behandlungstechnik* (Psyche, 60, 2007).
Anschrift:
Dr. Gerhard Schneider
Goethestr. 6
68161 Mannheim
E-Mail: gschneider-mannheim@t-online.de

www.ingramcontent.com/pod-product-compliance
Ingram Content Group UK Ltd.
Pitfield, Milton Keynes, MK11 3LW, UK
UKHW040026200726
13854UKWH00001B/385

9 783837 908893